Martin Wein

Fotografie: Martin Stromann

Jever, Schortens und das Wangerland

Meiner Mutter
Maria Metternich
für 30 gute Jahre in Friesland

BILDHINWEIS TITEL:

Das Schloss von Jever mit seinem markanten Zwiebelturm (oben)

Das Bürgerhaus in Schortens (links)

Am Strand des Nordseeheilbades Horumersiel-Schillig (rechts)

Jever, Schortens und das Wangerland

Martin Wein

Fotografie: Martin Stromann

Verlag Soltau-Kurier-Norden

JEVER, SCHORTENS UND DAS WANGERLAND

Martin Wein
Fotografie: Martin Stromann

1. Auflage 2010

ISBN 978-3-939870-32-6

Bibliografische Information der Deutschen Bibliothek:
Die Deutsche Bibliothek verzeichnet diese Publikation
in der Deutschen Nationalbibliografie;
detaillierte bibliografische Daten sind im Internet über
‹http://dnb.ddb.de› abrufbar.

Verlagsanschrift:
Stellmacherstraße 14, 26506 Norden
Internet: www.skn.info
E-Mail: verlag@skn.info

Lektorat und Layout: Inge Straatmann
Produktion: Reinhard Former

Grundschrift: Adobe Caslon Pro

Druck und Gesamtherstellung:
SKN Druck und Verlag GmbH & Co. KG
Printed in Germany

„Dat Meerwief van Minsen"

INHALT

Idyllisch: Der historische Hafen von Hooksiel.

Blumig: Rapsblüte in Javenloch bei Augustengroden.

Windig: Der Yachthafen von Horumersiel.

Sandig: Der kilometerlange Strand in Schillig.

Urban: Der Altstadtkern von Jever.

15

Jever: Kunkeln mit Kathi

Geschichte und Geschichten aus 2000 Jahren

„Dort, wo des Schlosses Turm hoch in die Lüfte ragt, und wo beim Nordweststurm die Flut am Deiche nagt, wo sich am Gerstenbrei labt Mann und Weib und Kind, und wo die Schweine frei noch von Trichinen sind – das ist mein Jeverland, das ist mein Heimatland, das ist mein Vaterland, mein Jeverland", singen nicht nur die alten Jeveraner noch heute zu passenden Anlässen ihre heimliche Hymne auf die alte Herrschaft Jever – unpassende Anlässe gibt es ihrer Ansicht nach kaum. Sie tun dies mit einer gehörigen Portion Selbstironie. In einer anderen Strophe heißt es: „Dort, wo im Glockenton man die Maria ruft, obgleich sie lange schon sanft ruht in ihrer Gruft. Und wo beim Püttbier-Schmaus man frohe Lieder singt, die Nacht in Saus und Braus trotz Polizei verbringt."

Püttbier und Brüllmarkt, Marienläuten, Krähenklappern, Klootschießen und „Echte Leidenschaften" – es gibt viele Anlässe zum Staunen bei einem Besuch in Jever. Die 14 000-Einwohner-Stadt mitten im Friesischen, 15 Kilometer westlich von Wilhelmshaven, atmet Geschichte wie kaum eine andere in Norddeutschland. Die Jeveraner sind stolz darauf und erzählen gern davon. Jeden Dienstag- und Freitagmorgen, wenn auf dem Kirchplatz die Bauern der Umgebung Milch von friesischen Kühen und Kartoffeln von der Geest feilbieten, kann man die Alteingesessenen in den umliegenden Cafés beim Klönsnack treffen, wo sie die neuesten Döntjes austauschen und die alten Geschichten aufwärmen. Sie rücken gern zusammen, und es ist eine gute Idee, sich dazuzusetzen und ihnen bei zwei, drei Tassen schwarzem Friesentee mit Klunt-je und Sahne zu lauschen. „Wer 1793 in Jever geboren wurde, der hatte mit 25 Jahren schon sechsmal den Landesherrn gewechselt", erzählt dann zum Beispiel Renate Kunst in der „Königlichen Hofkäserei" gleich gegenüber dem Rathaus. Seit vielen Jahren zeigt sie als Gästeführerin Fremden „ihr" Jever. Tatsächlich: Die Fürsten von Anhalt-Zerbst, die Kaiser von Russland, König Lodewijk Napoleon von Holland, Kaiser Napoleon in Frankreich, noch einmal die Russen und schließlich die Großherzöge von Oldenburg zogen das kleine Jever am Rande der Wetterkarte in diesem kurzen Vierteljahrhundert auf den Radarschirm der europäischen Geschichte.

Und selbst heute ist es kaum anders: Wer mit offenen Augen durch die Stadt geht, der wird noch immer drei verschiedene Autokennzeichen entdecken: An alten Anhängern oder Landmaschinen hängt manchmal noch das alte JEV aus den Jahren vor 1977. Damals verlor die Stadt ihren Kreissitz ans benachbarte Wittmund. Autos wurden fortan unter WTM angemeldet. Nicht nur dieser Umstand, sondern eine seit Jahrhunderten bestehende Rivalität mit den einstmals preußischen Nachbarn aus dem Harlingerland jenseits der berüchtigten „Goldenen Linie", die Friesland von Ostfriesland trennt, trieb die Bewohner auf die Barrikaden.

1979 wurde der alte Landkreis Friesland mit Kreissitz in Jever wieder hergestellt. Seitdem tragen Autos das FRI auf dem Kennzeichen – und ihre Besitzer verstehen sich weiter als freie Friesen mit ihrem eigenen Kopf. Der hat sich in 2000 Jahren allmählich entwickelt. So lange

Gute Aussichten für feine Fürsten. Der Schlossturm ist 61 Meter hoch.

nämlich ist die flache Geestzunge schon besiedelt, die sich in Jever fast bis an die Nordseeküste schiebt. Sieben bis acht Meter über dem Meer hatten die Jeveraner auf diesem Sandrücken stets trockene Füße, aber die fruchtbare niedrige Marsch direkt vor der Tür. Nach den sattgrünen Wiesen benannten sie dann auch ihre Stadt: Das niederdeutsche Geveren heißt nichts anderes als „Weideland" und tauchte in der lateinischen Form Geverae 1158 erstmals in Urkunden auf. Aber schon die Chauken waren um die Zeitenwende an der noch deichlosen Küste zu erheblichem Wohlstand gelangt. Bei Ausgrabungen hat man über 5000 römische Silbermünzen aus dem 1. und 2. Jahrhundert gefunden, die vom blühenden Fernhandel dieses Germanenstammes mit dem Imperium Romanum zeugen.

Mit den Friesen auch im Jeverland war für die Römer allerdings nicht gut Kirschen essen. Die Sage erzählt von Liber Friso – dem freien Friesen –, der zu Anfang des 9. Jahrhunderts mit seinen Mannen löwenmutig und unbezwungen nach Rom gezogen sei. Franken-König Karl verdanke den Friesen seine Kaiserkrone und habe sich dafür mit der „Friesischen Freiheit" revanchiert. Keinen Herrn sollten die streitbaren Menschen aus der Marsch fortan über sich dulden als den Kaiser selbst. Die Wahrheit ist kaum weniger glorreich. Als die Wikinger aus Skandinavien an Frieslands Küsten auftauchten, zogen die Franken die Küstenmenschen nicht mehr zum Militär. Dafür sollten die Friesen ihre Heimat verteidigen und schlugen tatsächlich die Nordmänner in

In Jever nennt man sie noch heut die „Große". Zarin Katharina II. von Russland (1729–1796).

Enkel, den besonderen Störenfried Siebeth, auf seiner Burg im heutigen Wilhelmshaven getötet hatte, verlegte sein Schwager den Häuptlingssitz nach Jever – der Anfang einer großen Zeit. Von seinem Nachfahren Edo Wiemken dem Jüngeren und seiner legendären Tochter Maria (1500–1575) wird noch zu berichten sein. Die Jeveraner sind so vernarrt in sie, dass sie ihr – wie im Lied beschrieben – noch 500 Jahre nach ihrem Tod allabendlich heimläuten.

Doch auch mit einer anderen Frau haben die Jeveraner kräftig gekunkelt: Mit Zarin Katharina II. (1729–1796) im fernen St. Petersburg. Nachdem das Jeverland an Oldenburg gefallen und von dort an Anhalt-Zerbst gelangt war, erhielt die Zerbster Prinzessin das ferne Land hinter den Deichen 1793 mangels eines männlichen Nachfolgers in weiblicher Erbfolge als Reichslehen. Man sprach von Kunkellehen, um die weibliche Erbfolge zu betonen, erinnert schließlich die Kunkel – ein anderes Wort für den Spinnrocken – an eine typisch weibliche Tätigkeit. So spann nun also Kathi in Jever ihre Fäden und setzte ebenfalls eine Frau als Statthalterin ein – Fürstin Friederike Auguste Sophie, die Witwe des letzten Zerbster Fürsten. Das Sophienstift ist nach ihr benannt. Erst Napoleons drohenden Truppen musste sie 1807 weichen.

Noch heute erinnern die Jeveraner an diese Zeit: Im Glockenspiel an der Rückwand des prächtigen Hofs von Oldenburg, gleich gegenüber dem Schloss, paradiert Katharina mit ihrem Vorfahren, dem Zerbster Fürsten Johann August (1671–1742), mit Fräulein Maria und dem beliebten Oldenburger Großherzog Anton Günther (1583–1607) jeden Tag um 10, 11, 12 und um 15, 16, 17 und 18 Uhr hoch über den Köpfen der Schaulustigen vorbei. Und auch wenn es so aussehen mag, hält Kathi, die „Große",

die Flucht. Das begeisterte zwar nicht Karl den Großen, wohl aber seinen Nachfahren Karl den Dicken dermaßen, dass er ihnen 885 fast eine demokratische Selbstregierung erlaubte, während der Rest Europas unter der Feudalknute zitterte.

Erst im Hochmittelalter schwangen sich in Friesland Häuptlinge zu neuen Herren auf, allen voran der legendäre Edo Wiemken der Ältere. Er vereinigte die Gaue Oestringen, Wangerland und das Viertel Bant von Rüstringen zur Herrschaft Jever. Mit profitabler Seeräuberei – vor allem die Vitalienbrüder um Klaus Störtebeker gehörten zu Wiemkens Geschäftspartnern – kam Geld in die Kasse und die neuen Herren bauten Burgen, auch in Jever. Nachdem die Hamburger Hanse Wiemkens

Auch im „Hof von Oldenburg" neben dem ➤ Schloss gibt es „Echte Leidenschaften".

„Marienbräu" ist die zweite Biermarke in Jever.

schaft zu sein", soll der Chorleiter damals erstaunt ausgerufen haben, berichtet Renate Kunst. Wer mag, der kann ein paar vakuumverpackt mit nach Hause nehmen.

Vergangenheit und Gegenwart geben sich in Jever und im Jeverland ständig die Hand. In den 70er- und 80er-Jahren des letzten Jahrhunderts wurde die Altstadt schon vor dem Trend zur Nostalgie liebevoll und umsichtig saniert. An der Annenstraße wird ein weiteres Altstadtquartier mit Wohnungen, Hotel und SB-Markt herausgeputzt. So wandelt man heute wieder auf altem Feldsteinpflaster und kann in den geduckten hübschen Häusern viel Einzelhandel, Kunsthandwerk und Kulinarisches entdecken und dazwischen immer wieder bildende Kunst. Da erinnert beispielsweise der Hopfenbrunnen im heutigen Innenhof einer gemütlichen Seniorenwohnanlage an Hand- und Spanndienste, die Bewohner des nahen Dörfchens Sillenstede in der frühen Neuzeit für die Herren von Jever leisten mussten. Für die Schlossbrauerei bauten sie hier Hopfen an. Und der wird in Jever noch immer reichlich zum Brauen gebraucht.

Gleich nebenan in der Gasthausbrauerei zum Beispiel, wo seit zehn Jahren das dunkle „Marienbräu" aus dem Zapfhahn kommt. „Jede Woche setzen wir aus Malz, Hopfen, Brauhefe und weichem friesischem Wasser einen neuen Sud im 500-Liter-Kessel an", sagt der neue Inhaber Frank Bremer. „Aus Liebe zum Objekt" ist er Braumeister geworden. Wie manch anderer in der gewachsenen Stadt setzt er auf Altes und Neues und gibt Jever sein besonderes Flair. Aber natürlich denkt beim Namen der Stadt jeder vor allem an Jever Pilsener. Und tatsächlich künden die mächtigen Glastürme des Friesischen Brauhauses jenseits der alten Wallanlagen davon, dass die neue Zeit an der Stadt trotz ihrer Traditionen keineswegs vorbeigezogen ist.

dabei keineswegs fordernd die Hand auf. „Sie nahm keine Steuern von Jever", erklärt Renate Kunst, warum die russische Herrscherin in der Stadt immer noch so beliebt ist. Die Zarin im Glockenspiel grüße vielmehr russisch mit einer Kreisbewegung durch die Luft zum Himmel, gefolgt von einem Gruß zum Herzen und mit nach unten gedrehter Handfläche zur Erde.

Statt zu nehmen, brachten die Zerbster vielmehr die „Leidenschaften" nach Jever, Blätterteig-Brezeln mit Zucker bestreut. Beim Klönsnack im Schlosscafé unter dem Glockenspiel kann man gleich ein paar probieren. Im Schloss war das Gebäck stets zu den Chorproben serviert worden, mit der Folge, dass die Sängerinnen und Sänger gar nicht mehr aus der Teepause zurückkehrten. „Dieses Gebäck scheint eine echte Leiden-

Wer den Schlosspark an einem klirrend kalten Wintertag durchstreift, wähnt sich womöglich in Russland.

VON HOHER WARTE –
JEVER UND SEIN SCHLOSS

Den Schlossturm mit seiner markanten Zwiebelspitze sieht man als Wegmarke schon von weither. Es gibt auch keinen besseren Ort, sich Jever zu nähern als vom Schloss, war doch die Residenz zu allen Zeiten Dreh- und Angelpunkt der Herrschafts- und Handelsstadt und ist einer der bedeutendsten Profanbauten in Nordwestdeutschland. Schon im späten 14. Jahrhundert entstand hier die erste Burg, doch der heutige Bau wurde erst im Jahrhundert darauf begonnen. Nachdem man sich aus der Siebethsburg hatte zurückziehen müssen, ließ ein gewisser Hajo Harlda, Siebeths Schwager, die Wasserburg neu errichten. Den äußeren Burggraben gibt es noch. Heute umschließt er einen lieblichen englischen Landschaftsgarten,

der jüngst wieder in alter Form angelegt wurde. Auf verschlungenen Pfaden bieten Hügel, Wasserflächen und lichtes Buschwerk immer neue Perspektiven auf das Schloss. Im Frühling blüht hier ein Meer von Schneeglöckchen und Krokussen. Im Frühsommer tragen die Kastanien ihr weißes Blütenkleid und färben sich zum Herbst hin in vielen Farben. Abends in der Dämmerung kann man Hunderte Fransenfledermäuse und Braune Langohren zu ihren Schlafbäumen flattern sehen. Vor allem im Winter aber schallt das Krah-krah Tausender Saatkrähen durch die klare Luft. Wer den Schlosspark an einem solch klirrend kalten Wintertag durchstreift, wenn die kahlen, mit Schnee bestäubten Äste den Blick auf den 61 Meter hohen Zwiebelturm freigeben, der wähnt sich womöglich in Russland. Johann August, der letzte Fürst von Anhalt-Zerbst, ließ den Barockturm bauen, der zum Wahr-

Links: Mehr Gobelins und Ledertapeten gibt es nirgends in Niedersachsen als an den Wänden der Fürstlichen Galerie des Schlosses zu Jever. Darunter: Im Museum wird höfische Kultur und friesisches Brauchtum präsentiert.

zeichen der Region geworden ist. Auf der Wetterfahne prangt heute noch das Zerbster Wappen mit der goldenen Krone. Von Zerbst nach Russland war es dynastisch - wie berichtet - ein Katzensprung.

Im Schloss selbst lockt nicht nur das Café mit duftenden Waffeln, sondern vor allem ein spannendes Museum über höfische Kultur und friesisches Brauchtum. Und das schon seit 1921! Im Erdgeschoss hat man einige Räume im Stil von damals belassen. Sie und ein Wunderkabinett mit Luxusartikeln stehen für friesische Gemütlichkeit mit blauen Kacheln und großen Kaminen, für Handwerkskunst und den Stolz der wohlhabenden friesischen Großbauern.

Doch der eigentliche Schatz des Schlosses findet sich im ersten Stock. Die Gobelins und Ledertapeten an den Wänden der Fürstlichen Galerie und des Gobelin-Saales bilden die größte derartige Sammlung in ganz Niedersachsen. Und die Kassettendecke im Audienzsaal ist so exquisit, dass Kopien davon es bis ins Schloss Tarasp im Unter-Engadin und ins australische Sydney geschafft haben sollen. „Oldenburgs Großherzog ließ den Hofbildhauer Boschen die Gipsabdrücke anfertigen", sagt der langjährige Stadtdirektor und Heimatforscher Ingo Hashagen. Seemannsgarn? Eine Beziehung zum Fünften Kontinent gebe es, glaubt Hashagen. Immerhin fuhr der Jeveraner Kapitän Ide Hollmann im Auftrag des aus der niederländischen Provinz Groningen stammenden Abel Tasman gen Süden und habe für seinen Chef die Inseln Tasmanien und Neuseeland entdeckt. „Lange Zeit war das völlig un-

Die Kassettendecke ist eines der prächtigsten Zeugnisse der Renaissance nördlich der Alpen.

bekannt, bis das Nationalmuseum in Auckland einmal die Stadtverwaltung Jever um Aufklärung bat", berichtet Hashagen. Wie dem auch sei: Die Kassettendecke, darauf legt die heutige Schlossherrin, Direktorin Prof. Dr. Antje Sander, Wert, ist eines der prächtigsten Zeugnisse der Renaissance nördlich der Alpen und 60 000 Gästen im Jahr einen steifen Nacken wert. Fräulein Maria von Jever ließ sie einziehen.

Aber nicht nur damit hat Maria die Herzen der Jeveraner erobert. In der von Männern dominierten frühen Neuzeit war ausgerechnet sie es, die Jevers Unabhängigkeit von den ruppigen ostfriesischen Grafen sicherte. Dabei waren ihre biographischen Voraussetzungen eher ungünstig. Die Mutter starb kurz nach ihrer Geburt 1500, der Vater, besagter Edo Wiemken der Jüngere, nur zehn Jahre später. Ihr Bruder Christoph sollte neuer Häuptling werden, während Maria und ihre Schwestern die Frauenrolle übten. Christoph wurde zum Ritter ausgebildet, gab aber schon mit 18 Jahren ohne Erklärung den Löffel ab. Jetzt wurde es dramatisch! Gelegenheit macht Diebe: Graf Edzard von Ostfriesland wollte sich Jever einverleiben, ließ die Muskeln spielen und sich die Schutzherrschaft übertragen. Dafür sollten Maria und ihre Schwestern in den Betten der

Grafensöhne Enno und Johann landen. Die Brüder hielten sich aber nicht an ihr Versprechen, besetzten die Burg Jever und hohnlachten den jungen Frauen. Doch einen gab es, der wohl mehr für Maria empfand: Boing von Oldersum, Drost von Ostfriesland. 1531 vertrieb er die Besatzer und fiel als heimlicher Geliebter tapfer im Kampf!

Einen anderen Mann wollte Maria daraufhin zeitlebens nicht. Und die Macht nahm sie nun lieber selbst in die Hand. Entschlossen ließ sie Deiche bauen und Siele graben, förderte Handel, Gewerbe, Rechtspflege und gab Jever 1536 das Stadtrecht. Sie brachte ihren Hof zu voller Größe und gab auch das beeindruckende Grabmal für ihren Vater in Auftrag, das noch heute in der Stadtkirche steht – Jevers zweites Prachtstück der Renaissance.

Als das „Fräulein" nach einem Dreivierteljahrhundert entschlief, wollten ihre Untertanen es nicht glauben. Sie verschlossen ihr Sterbegemach und stellten ihr täglich die Mahlzeiten vor die Tür. Ein Diener musste alles heimlich aufessen, denn in Wahrheit hatte man Angst, dass die Ostfriesen wieder anrücken würden, bevor der rechtmäßige Erbe, Graf Johann VII., aus Oldenburg käme.

Vor Weihnachten gehen Tausende Lichter an in Jevers Altstadtgassen.

So entstand jene romantische Legende, Maria sei durch einen Fluchttunnel entschwunden, den man seit 2008 wieder besichtigen kann. Eigentlich diente er profan der Entwässerung. Keine Spur ist dort von jenem großen schwarzen Hund, der der Legende nach den Eingang bewacht. Trotzdem: Irgendwann kommt das „gnädig Fräulein" angeblich zurück, um ihr Jever wieder zu regieren. Bislang hat das abendliche Heimläuten, winters um 21, sommers um 22 Uhr, nichts genutzt, und ursprünglich sollte es auch nur den Beginn der Nacht und das Ausschankverbot für Wein und Bier anzeigen, woran sich schon lange niemand mehr hält. Aber in den warmen Monaten kann man vom Schlossturm nach der Regentin Ausschau halten, deren Grab bis heute nicht gefunden wurde, und dabei den weiten Blick auf die Felder und Wälder der Umgebung genießen. Oder man sucht ihr markantes Porträt in der Ahnengalerie. Mit gestreckten Schultern, entschlossen gefalteten Händen und einer weißen Haube, die nur bedingt ihre Schönheit kaschiert, schaut sie dem Betrachter auf dem Ölbild von Bernhard Winter von 1931 entgegen. Zum 400. Geburtstag haben die Bürger ihrer Patronin vor dem Schloss auch ein Bronzedenkmal gestiftet. Bildhauer Harro Magnussen setzte in romantischer Verklärung einen Hund als Begleiter und Sinnbild ihrer Treue an ihre Seite, damit die Jungfer nicht ganz alleine sei.

Auch eine weitere Schlossbewohnerin machte später übrigens ordentlich Karriere. Als Tochter eines Anhalt-Zerbster Schlosshauptmanns kam Maria Clementine Martin 1783 nach Jever. Bis zu ihrem 17. Lebensjahr 1792 war sie wohl oft in Küche und Keller des Schlosses zu finden. Dann ging sie ins Kloster St. Anna im westfälischen Coesfeld, lernte Krankenpflege und Kräuterkunde. Nach der Entscheidungsschlacht von Waterloo gegen Napoleon 1815 pflegte sie die preußischen Verletzten, wurde

dafür hoch geschätzt und begann mit ihrer Bekanntheit eine pharmazeutische Karriere. Ihr „Klosterfrau Melissengeist" darf noch heute in vielen Hausapotheken nicht fehlen.

ANTONS APFELSCHIMMEL

Wer Fräulein Maria einmal die Hand schütteln möchte, der kehre dem Schloss den Rücken zu und spaziere wenige Meter geradeaus direkt auf den Alten Markt. Hier ist seit jeher das Zentrum der Stadt mit schmucken Fassaden und dem Eingang zur heutigen Fußgängerzone. Davor erinnert seit 1995 der Sagenbrunnen an einige der zahlreichen Geschichten aus dem Jeverland. Bildhauer Bonifatius Stirnberg aus Aachen hat auch die gewandte Regentin als wendiges Fräulein in Bronze gegossen. Kopf, Hals, Oberkörper und Arme der Dame sind frei beweglich dank ihrer Edelstahlgelenke. Doch andere Gestalten fallen am Sagenbrunnen stärker auf. Da ist Horand, Herr über Dänemark, Sangesmeister und Held. Als Lehnsherr des Königs Hetel von Hegelingen brach er mit seiner glockenreinen Stimme für seinen Chef das Herz der schönen Prinzessin Hilde von Irland. Nachzulesen ist das in der hochmitteldeutschen Kudrunsage aus dem 9. Jahrhundert, dem zweiten großen Epos des Mittelalters neben dem Nibelungenlied. Und als Horand auf der Reise in „Givers auf dem Sande" ein Liedchen sang, schwiegen sogar die Vögel in den Bäumen vor Ehrfurcht. „Givers" ist angeblich die früheste Erwähnung Jevers.

Im ganzen Nordwesten noch heute hoch geschätzt ist dagegen Graf Anton Günther (1583–1667), der umsichtigste unter den Oldenburger Landesherren. Er schloss im Schwarzen Brack den Deich rund um den Jadebusen und brachte den Menschen Sicherheit vor Sturm und Flut. Und mit dem

◄ Das Bronzedenkmal wurde dem „gnädig Fräulein Maria" zum 400. Geburtstag geschenkt.

Am Sagenbrunnen auf dem Alten Markt kann man nicht nur Fräulein Maria die Hand schütteln.

Weserzoll füllte er die Staatskasse, ohne seine Untertanen zu schröpfen. Vor allem aber hielt er sein kleines Land mit geschicktem Paktieren aus den Wirren des Dreißigjährigen Krieges heraus. Oldenburg wurde zur Insel des Friedens und des barocken Wohlstandes in einer verheerten Welt. Als ein General Wallensteins die Residenz angreifen wollte, soll Anton Günther den Heißsporn mit ein paar guten Zuchtpferden und einem heimlichen Abzug durchs Moor abgespeist haben. Und auch seinen Tieren war er ein guter Herrscher. Als Anton Günther auf einem Inspektionsritt zur Insel Wangerooge sich bei Nebel im Watt verirrte, kam ihm dies zugute. Sein geliebter Apfelschimmel „Kranich" rettete den Grafen vor der drohenden Flut und brachte ihn mit dem richtigen Instinkt sicher auf die Insel.

Vom Nebel erzählt auch die beliebteste Figur am Brunnen. Wenn der gefürchtete Bodennebel durchs Jeverland waberte, kamen Pferde und Wagen schon mal ab vom hohen, zerfahrenen Hohlweg zum Gut Scheep, das hinter der heutigen Müllkippe in Richtung Wittmund lag. Triefnass und voller Matsch aus dem Graben entstiegen, machten die Unglücklichen den „witte Haas van Scheep" – gesprochen „Hoos" – für das Malheur verantwortlich, den weißen Nebel. Stadtdirektor Hashagen, ein Jäger aus Leidenschaft, setzte den Nebel mit dem plattdeutsch gleich klingenden Hasen gleich, wollte uns vielleicht aber einfach einen Bären aufbinden. Fast jeder sieht sich genötigt, dem sprintenden Hasen einmal die Ohren lang zu ziehen. Sie sind ganz hell davon.

Aus dem Nebel jenseits der Bucht kamen schließlich dereinst angeblich auch die Hexen aus dem gegenüberliegenden Butjadingen an die Küste des Jeverlandes. Man erkannte sie gleich, denn sie reisten in einem löchrigen Milchsieb und nutzten Rinderknochen als Ruder. Als jemand ihr Hexenboot klaute, das sie bei Hooksiel im Reet versteckt hatten, fingen die Hexen furchtbar an zu heulen. Vermutlich hatten sie ihre Flugbesen zu Hause vergessen. Auch diese Geschichte hat ihren wahren Kern: Um 1540 landeten tatsächlich elf Frauen aus Jever auf dem Scheiterhaufen. Im inneren Burggraben des Schlosses hatte man sie der gefürchteten Wasserprobe unterzogen. Wer oben trieb – und das taten die Frauen dank der Luft in ihren vielen Kleiderlagen fast alle – galt als überführt. „Als schöne Frauen sollten sie fremde Männer verhext haben. Ein totes Kalb reichte dann schon aus als Anlass zur Verleumdung", erzählt Ingo Hashagen. Auch die Hexen in ihrem löchrigen Boot sind im Brunnen verewigt.

Ein zweites Bronzedenkmal auf dem Alten Markt erinnert an Jevers goldene Tage. Bis 1911 kamen jeden Dienstag die Bauern und Viehhändler aus dem ganzen Jeverland hier zusammen. Einige nachempfundene eiserne Barren zum Anbinden des Viehs geben einen Eindruck davon. So groß war der Andrang, dass die alte katholische Kirche schließlich abgerissen werden musste, um mehr Platz zu schaffen. Rinder, Schafe, Pferde, Schweine, Ziegen und Hühner blökten, muhten, grunzten und gackerten zu Hunderten durcheinander. Ein riesiger Bauernhof mitten in der Stadt, den man seit 1983 beim jährlichen Brüllmarkt im Herbst wieder nachempfinden kann. Manche der reichen Viehhändler ließen sich vom Bahnhof in geschlossenen Kutschen abholen, um den Geräuschen und Gerüchen zu entgehen. Doch die Maul- und Klauenseuche machte kurz vor dem Ersten Weltkrieg dem

Treiben ein Ende. Seither fuhren die Händler in ihren neumodischen Benzinkutschen aufs Land und die Bauern brachten ihr Vieh direkt auf ihren Höfen an den Mann.

Im Namen des Volkes

Wendet man sich vom Alten Markt wieder in Richtung Schloss, geht aber rechts daran vorbei, so steht man in der Schlossstraße bald vor dem ehrwürdigen alten Amtsgericht. Schon seit Zerbster Zeiten wird hier Recht gesprochen, wie das eindrucksvolle Vollwappen über dem Portal belegt. In der Mitte rechts stehen zwei Löwen für das Jeverland und die von ihm umschlossene Herrschaft Kniphausen. Zwar wurde 1858 das alte Landgericht Jever aufgelöst, doch ein Amtsgericht gibt es noch

Vollwappen über dem Portal des Amtsgerichts.

Wie einst prägt heute noch roter Klinker die Altstadt von Jever.

heute. Und die dort verhandelten Fälle sind teils ebenso bemerkenswert wie die verhandelnden Richter. Drei Gerichtsreporter der ansässigen Lokalzeitungen lassen sich deshalb praktisch keinen Prozess entgehen.

Ziemlichen Käse richtete hier vor über einem Jahrhundert beispielsweise der Pastor der Landgemeinde Wüppels an. Zusätzlich zu seinem Gehalt musste die Gemeinde den Geistlichen auch mit Naturalien als „Pfarrpfründe" versorgen: Neben 22 Tonnen Hafer und zwei Scheffeln Gerste gehörten auch 29 Käselaibe dazu, mit einem Gewicht von jeweils 6,1312 Kilogramm! Einen großen Laib von 29 Pfund musste ein Bauer aus dem Wangerland pünktlich zu Johanni liefern. Um die Wende zum 20. Jahrhundert hatte er keinen parat und kredenzte dem Geistlichen zwei Käselaibe von halbem Gewicht. Da wurde der Pastor stinkig, denn zwei Laibe hätten viel mehr Rinde als einer. So zog der Bauer wieder ab und kaufte für sein Seelenheil und den Frieden auf Erden einen großen Laib in der Molkerei. Doch auch damit war der Pastor nicht einverstanden: „Molkereikäse ist nicht so gut wie Bauernkäse", schimpfte er und pochte nun vor Gericht auf sein Recht. Doch der Richter blieb bodenständig: Einem Pastor stehe kein Geschmacksurteil zu, welcher Käse besser sei, urteilte er. Der sogenannte Käse-Prozess jedoch bot wochenlang Gesprächsstoff im ganzen Jeverland.

Als stolze Kommune sollte Jever auch seine Gäste anständig empfangen, befand der weitsichtige Graf Anton Günther. Im Winter 1609 verfügte er deshalb, dass „Bürgermeister und Rat wegen der Stadt ein bequem Haus und Schenke zu Wein- und Bierzapfen anrichte und darin auch notwendige Getränke für ein- und ausländische Leute nach Notturft beschaffe". Tatsächlich hatten ihn die Stadtväter dazu gedrängt, wollten sie doch mit dem

Stadtwappen von Jever.

Weinmonopol der Stadt ihre Kasse aufbessern und so den Neubau finanzieren. Schon im Jahr darauf war das Rat- und Weinhaus im Rohbau fertig. Zu seiner 1621 endgültig abgeschlossenen Fassade geht man vom Amtsgericht aus einfach die nächste Straße rechts in Richtung Kirchplatz. Zwei steinerne Löwen mit dem Wappen von Oldenburg und dem Stadtwappen von Jever bewachen noch heute den Eingang. Der Renaissance-Bau wirkt trotz seiner geduckten Maße fast großstädtisch urban. Baumeister war Lüder von Bentheim, der auch das Rathaus der stolzen Hansestadt Bremen entwarf. Als Modell für Jever diente ihm die Bremer Stadtwaage.

Der Bau dahinter wurde in der Folgezeit komplett entkernt. Die Verwaltung musste ihre Prioritäten von der „Notturft" des Weinausschanks deutlich verschieben – schließlich war Jever seit 1856 Stadt 1. Klasse mit eigener Polizeigewalt. Mit Notdurft kamen die Stadtoberen allerdings in den 1960er-Jahren noch einmal in Berührung. Ein aufsässiger Bürger drohte damals, seinen Kloakeneimer im Rathausgang zu entleeren. Ingo Hashagen erinnert sich: „Das war ein Nervtöter vor dem Herrn – Single, kinderlos, der prozessierte ständig aus Langeweile und Leidenschaft." Vom Gericht war der Querulant deshalb kurzerhand entmündigt worden. „Da brauchte er auch seinen Eimer nicht für sich behalten", sagt Hashagen. Der Stadtdirektor postierte seine Mitarbeiter als Wachen, um Schlimmeres zu verhindern. Doch der Attentäter war schlauer: Nachts schmuggelte er seinen Eimer in den Rathausgang. Tags drauf kehrte er mit leeren Händen zurück und vollendete seinen Anschlag. „Er wurde dann wieder für zurechnungsfähig erklärt, damit man ihn belangen konnte", sagt Hashagen und hat sogar ein Beweisfoto von der Sauerei.

Einen Teil der einst wertvollen Inneneinrichtung kann man heute wieder sehen. In der alten Fahrzeughalle der Feuerwache neben dem Rathaus wurde 1990 der „Graf-Anton-Günther-Saal" eingerichtet. An den Wänden fällt die eindrucksvolle Wandvertäfelung mit ihren manieristischen Schnitzereien auf. Folkhart Fremers schuf sie 1614 bis 1616 für den Ratssaal im zweiten Stock. Die Wappen und Initialen verweisen auf Bürgermeister und verdiente Ratsherren jener Zeit.

Weitere Wappen finden sich auch am prunkvollen Kamin, der ebenfalls aus dem Ratssaal stammte. Im Rathauskeller gut verwahrt, überdauerte er die Jahrhunderte, bis die neuzeitlichen Stadtväter sich vor 20 Jahren seiner besannen. Heute mahnt er jedermann wieder zur Bescheidenheit. Auf seiner Front steht geschrieben: „Bist du was, lass wohl sein, und lass einen anderen auch was sein…"

PÜTTEN UND GRAFTEN

Zum Wasser und zum Bier hat man in Jever seit alters her eine innige Beziehung. Bauerbier, Fensterbier, Tröstelbier oder Kindelbier – im Jeverland gibt es viele Gründe, zum Gerstensaft zu greifen. Ob der gestrenge Preußenkönig Friedrich der Große das im Sinn hatte, als er im 18. Jahrhundert den Bierkonsum in Ostfriesland forcierte, um den teuren Import-Tee zurückzudrängen? Die Offenlegung der Wegekosten in den Bauerschaften, der Einbau von Fenstern in ein neues Haus, der Tod eines Nachbarn oder Angehörigen oder aber die Geburt eines Kindes dienten als Anlass, um gemeinsam anzustoßen. „Dabei wurde aber nicht ein gutes Pils getrunken, sondern selbst gebrautes Bier, das man mit Schwarzbrot und heißem Wasser aufgesetzt hatte", erzählt Freizeithistoriker Ingo Hashagen. Deshalb habe es zum Kindelbier vor allem Branntwein mit eingelegten Rosinen gegeben, der jeden Winter angesetzt wurde. Wenn der Nachwuchs ausbleibt, widmet man diese friesische Leckerei im benachbarten Schortens noch heute einfach um: Dann kommt Güst-Kindelbier – güst ist norddt. für unfruchtbar – ins Glas, verbunden mit der Hoffnung auf mehr Erfolg im nächsten Jahr.

Höhepunkt des nachbarschaftlichen Zuprostens ist jedoch seit über 250 Jahren der Montagabend nach Dreikönig, wenn sich die derzeit rund 30 Püttgemeinschaften in Lokalen und Privathäusern zusammenfinden, um beim Püttbier den alten Püttmeister zu entlasten und einen neuen zu bestimmen. „Pütt" ist friesisches Küchen-Latein von „puteus" („Brunnen"). Und die Tradition hat durchaus einen ernsten Hintergrund, wie Ingo Hashagen weiß: „In den eng bebauten Städten waren die Brunnen überlebensnotwendig als Trinkwasserquelle für Mensch und Tier, aber vor allem auch als Löschreservoir bei den immer wieder

Rote Retter aus alten Zeiten stehen im Feuerwehrmuseum in der Florianstraße 1.

entstehenden Bränden." Wie man derer Herr wurde, zeigt übrigens das Feuerwehrmuseum Jever gleich neben dem Bahnhof, Florianstraße 1. Fräulein Maria hatte 1536 mit der Verleihung des Stadtrechtes und der Befestigung der eng bebauten Stadt verfügt, dass in jedem Viertel Pütten gebaut werden sollten. 16 waren es in der Altstadt und acht in der neuen Vorstadt jenseits der Wallanlagen. Ein solcher Brunnen wurde auch 1621 vor dem Rat- und Weinhaus gegraben, die Ratspütt. Man könnte vermuten, die schlauen Ratsherren wollten damit den teuren Wein ihrer Gäste panschen, aber das bleibt Spekulation.

Jedenfalls erließen die Zerbster Regenten 1756 eine feste Püttordnung, die zur Grundlage des heutigen Püttbierfestes wurde. Auch als die Stadt 1929 an die Wasserleitung angeschlossen wurde, mochten die alten Jeveraner die gesellige Tradition dann nicht mehr missen. So treffen sich noch heute Nachbarschaften von ein bis drei Dutzend Personen, um bei Grünkohl, Pinkel, Bier und Schnaps die Püttgeschäfte zu regeln und um Mitternacht nicht nur die Wasserqualität zu verkosten. Vor 50 Jahren hat Hans Siuts sogar ein eigenes Liederbuch zusammengestellt, in dem sich keineswegs nur die zu Anfang dieses Buches zitierte Lokal-Hymne „Min Jeverland" findet. „Ein Söker und ein Brunnen" erzählt etwa davon, was der Brunnenmeister mit seinem „Söker", dem Sucher an einem Holzstiel, so alles aus der Pütt fischen musste: „Dort schwamm auch eine Katze, der fehlte schon der Schwanz. Und auch die hintre Tahatze war schon längst nicht mehr ganz."

Während einige Püttgemeinschaften inzwischen auch modernen Speisefolgen und Ritualen zusprechen, sehen andere sich noch strikt als Wahrer der Tradition. Das geht so weit,

Abgefüllt und zugekorkt: Das Brauereimuseum zeigt, wie das Pils in die Flasche kam.

dass einige noch heute keine Frauen in ihren Reihen dulden. In der Redaktion des „Jeverschen Wochenblattes" erzählt man von einer Püttgemeinschaft, die sich noch vor wenigen Jahren nicht von einer Fotografin ablichten ließ.

Nicht zu den traditionellen Pütten gehört indessen der vermutlich einzige Brillenbrunnen weltweit. Der humorvolle Optikermeister Rüdiger Babatz ließ damit einen privat sanierten „Klön-Hoff" am Kattrepel in der alten Vorstadt aufhübschen. Pit Grosse aus Neuenburg in der Friesischen Wehde schuf den Klinkerbau mit der Säule in Form eines Brillenständers, um den sich nun eine eigene Püttacht kümmert.

Das Stadtrecht von 1536 brachte Jever noch eine andere Annehmlichkeit. Zum Schutz vornehmlich vor den ostfriesischen Nach-

barn wurde die Altstadt mit einem Ringgraben und dahinter liegenden Wällen umgeben. Nur durch drei hölzerne Tore kam man hinein. Auch als Mitte des 19. Jahrhunderts die Anlagen fielen, blieb diese Ringgraft erhalten. Anstelle der Brücken füllte man sie allerdings an einigen Stellen auf. So entstanden Duhmsgraft, Blankgraft, Prinzengraft und Pferdegraft, die heute mit ihrem alten Baumbestand als grüne Lunge von Jever zum Flanieren einladen. Mancher Schwan betrachtet das Terrain allerdings als sein Revier und reagiert nicht unbedingt gastfreundlich. Auch Hunderte Saatkrähen in den Baumwipfeln drohen mit feuchten Grüßen von oben. Die Jeveraner revanchierten sich auf ihre Weise. An etlichen Bäumen findet man Krähenklappern, die jeder mit dem herabhängenden Seil nach Herzenslust betätigen darf. Mit dem Geklapper hat man die Vögel aus einigen Teilen der Stadt inzwischen gewaltfrei verscheucht.

Spiegelstriche in der Landschaft – die markanten Glastürme der Brauerei hinter der Pferdegraft.

Kesselfrisch und friesisch herb – Jevers Bier

Es brodelt in Deutschland 1848. Doch während überall zwischen Wien und Flensburg mutige Demokraten die Waffen erheben gegen den Kaiser und die feudalen Könige, schickt sich im abgelegenen Jever ein anderer König still und heimlich an, sein Imperium zu begründen. Am 10. November inseriert der Schankwirt Diedrich König, er werde sein „Hannöversches" Flaschenbier unter Einkaufspreis verscherbeln, um „damit aufzuräumen". Nur für die Flaschen nimmt er ein hohes Pfand von vier Groschen, denn die will er fortan selbst befüllen. Erst sieben Jahre später erklärt sein Sohn Diedrich junior gegenüber den Behörden, im Garten seines Vaters am Pferdegraben „eine Bierbrauerei zur Herstellung des bisher aus der Fremde mit großen Kosten importierten sogenannten bairischen Lagerbiers anlegen und durch sachkundige, in Baiern gelernte Personen betreiben zu lassen".

Ein Exot ist König damals nicht: Die Angst vor Typhus durch verseuchtes Brunnenwasser beschert im Jeverland mehr als 20 Privatbrauern Umsätze. Doch Königs Unternehmung setzt sich nach und nach durch. Man erkennt die Chancen des Exports. Wie im späten 19. Jahrhundert gebraut wurde, können Besucher seit 1993 bei Führungen durch das liebevoll nachgestellte Brauereimuseum nachempfinden. Im schummrigen Licht echter Kohlefadenglühlampen stehen die Malzputze und große 250-Liter-Fässer aus Pilsen bereit, aus Malz und Hopfen und dem weichen Wasser Frieslands ein besonders kräftiges Bier zu brauen. Ein Loch, kaum größer als eine Hundeklappe, erlaubt es, die Fässer zu säubern. Schulter für Schulter mussten die Knechte sich wie Blindschleichen in die Fässer winden. „Das ist wie bei Katzen: Wenn der Kopf durchpasst, kommt man auch hinein – und hoffentlich auch wieder raus", schmunzelt Renate Kunst, wenn sie durch die Räumlichkeiten führt.

Die Küferwerkstatt – hier wurden die Fässer gefertigt – und das Braumeisterkontor liegen da, wie eben zur Mittagspause verlassen. Man kann sich leicht vorstellen, wie Königs Nachfolger Theodor Fetköter in einem Kontor wie diesem nach neuen Geschäftspartnern suchte, 1894 die erste Wasserleitung in die Stadt anlegen ließ und eigene Flaschen anschaffte. Zwar schützen die ersten industriell hergestellten Kältemaschinen Carl von Lindes ab den 1870er-Jahren das Bier vor dem Umkippen. Trotzdem verdienen sich etliche Jeveraner noch bis in die 1950er-Jahre im Winter ein kleines Zubrot, indem sie Eisblöcke aus der gefrorenen Pferdegraft hacken und an die benachbarte Brauerei verkaufen. Doch der Erste Weltkrieg trifft das Unternehmen hart. Hopfen wird knapp und Fetköter junior fällt an der Front. 1923 steigt die Bavaria-St.-Pauli-Brauerei ein, 1934 prägt sie die Marke Jever Pilsener. Heute werden in der modernen Abfüllanlage unter den drei 32 Meter hohen Glastürmen und unter der Ägide der zum Dr.-Oetker-Konzern gehörenden Radeberger Gruppe 60 000 Flaschen pro Stunde abgefüllt – friesisch herb versteht sich.

Der Kanzler und die Kiebitze

Es ist eine illustre Runde, die da im Gasthof von Christian Rudolphi zusammengekommen ist. Braumeister Theodor Fetköter ist anwesend, auch Oberlehrer Riemann, Gutsbesitzer Brader, Pastor Gramberg und Zeitungsverleger Wilhelm Mettcker – letzterer angeblich so beleibt, dass der Tisch für ihn im Halbrund ausgesägt werden musste, damit er zu seinem

„Bismarck" vor dem Haus seiner Getreuen.

Bierglas greifen kann. Deutschland ist in Versailles eben Nationalstaat geworden – und die national gesinnten Männer beratschlagen, wie sie dem ersten Reichskanzler Otto von Bismarck danken können.

So entstanden 1871 die „Getreuen von Jever", heute der wohl älteste Bismarck-Traditionsverein überhaupt. Über Jahrzehnte umwehte den exklusiven Herrenclub ein Hauch von Geheimnis. Man ließ sich ungern in die Karten schauen, duldete keine Frauen und schickte bei den monatlichen Treffen sogar die Kellnerinnen heim. Seit 2004 lüftet Günter G. A. Marklein die Geheimnisse um den „Eisernen Kanzler" in seinem kleinen, aber wohl sortierten Bismarck-Museum in der Wangerstraße 15 gleich gegenüber dem historischen

Gasthof, der natürlich längst „Haus der Getreuen" heißt. Dort kamen die Patrioten seinerzeit, von einem über Bismarcks Vorlieben gut informierten Besucher aus Varel inspiriert, überein, ein Paket mit 101 Kiebitzeiern nach Berlin zu senden. 28 Jahre lang, immer zu Bismarcks Geburtstag am 1. April, gingen die Eier auf Reisen – in blaurote Wattelagen – den Farben Oldenburgs – gut verpackt. Bismarck dankte jedes Mal erfreut. Im 15. Jahr schickte er einen silbernen Pokal in Kiebitzform, mit dem die Vereinsmitglieder seit 1883 immer am 1. April anstoßen.

2001 kam Marklein erstmals nach Jever, um am 1. April die Festrede zu halten. Seit einem Jahrzehnt hatte er sich in Ostdeutschland mit Bismarck und seinem Erbe befasst, Bücher geschrieben, ein Privatmuseum eröffnet: „Aber dann brach im Osten der Aufschwung zusammen." Als der Altverleger und „Getreue" Dr. Fritz Blume in Jever ein Haus zur Verfügung stellte, übersiedelte Marklein mit seiner Sammlung ins Friesische. Die kann sich sehen lassen. In den teils antiken Schränken und Vitrinen ist die mit etwa 1000 Bänden größte Bibliothek zum Thema Bismarck versammelt.

Auf 1000 Motive schätzt Marklein auch seine Karikaturen-Sammlung. Unter den vielen Bismarck-Porträts an den Wänden fallen zwei Originale von Franz von Lenbach (1836–1904) besonders ins Auge. Da Marklein eng mit dem Bismarck-Museum der Familie in Friedrichsruh bei Hamburg kooperiert, kann er auch Huldigungsgeschenke zahlreicher Städte und Bürger zeigen, die bislang im Schloss Friedrichsruh auf dem Speicher liegen. Und wenn nicht gerade der 1. April ist, kann man auch den Pokal bewundern, den Bismarck nach Jever schickte und der mit Wein gefüllt unter den „Getreuen" am Geburtstag des „Eisernen Kanzlers" noch heute dreimal die Runde macht.

Der Silberne Kiebitz-Pokal macht jedes Jahr am 1. April die Runde.

GLAUBE ERSETZT BERGE – KIRCHTÜRME, BETHÄUSER, VERLORENE BÜRGER

Gläubig war man im Jeverland seit dem 8. Jahrhundert, als Bischof Willehad von Bremen aus die ungläubigen Friesen missionierte. An die bewegte Geschichte erinnert auf den ersten Blick wenig, wenn man vor Jevers evangelisch-lutherischer Stadtkirche auf dem Kirchplatz steht. Der wuchtige Klinkerkasten entstand 1964 bis 1966 nach Plänen des Hannoveraner Architekten Dieter Oesterlen. Zuvor hatte Oesterlen u. a. die Marktkirche in Hannover wieder aufgebaut und das Leineschloss als Sitz des Niedersächsischen Landtages hergerichtet. Als Mitglied der Braunschweiger Schule prägte der Architektur-Professor stark die Baugeschichte der frühen Bundesrepublik. Er stand für eine Architektur, „in der wir über die gleiche Befreiung von der realistischen Blut- und Bodentümelei bzw. von dem staatsrepräsentierenden 34sten Aufguss eines fadenscheinigen Klassizismus glücklich waren und arbeiteten in einem – nennen wir es – abstrakten Kubismus". Der zeigt besonders im Innenraum mit den elfeinhalb Meter hohen Betonglas-Fenstern seine einzigartige Wirkung.

Nur der neugotische Glockenturm von 1877 blieb von der Stadtkirche erhalten.

Davor der Altar, der ausnahmsweise nach Westen, statt nach Jerusalem weist, um nicht den Blick auf das eigentliche Prunkstück der Kirche zu verdecken – das prächtige Grabmal für Edo Wiemken den Jüngeren (1468–1511) aus Marmor, hellem Kalk-Sandstein und Eichenholz. Auf dem Sarg ruht der Verblichene in voller Rüstung, umgeben von sechs Säulenfiguren, die seine Herrschertugenden verkörpern: Gerechtigkeit, Weisheit, Hoffnung, Liebe, Kriegslist und Friedenswillen. Darüber wölbt sich der Sternenhimmel unter einem zweigeschossigen Baldachin. Neben der Kassettendecke im Schloss ist dieses manieristi-

sche Kunstwerk der größte Schatz von Jever. Fräulein Maria gab das üppige Ehrengrab für ihren Vater 1561–1564 bei dem Antwerpener Meister Cornelis Floris in Auftrag, um damit die stolze Herrschaft ihrer Renaissance-Dynastie zu versinnbildlichen. Vorher hatte sie dazu passend eine neue Kirche errichten lassen, nachdem die alte bei der Belagerung durch die ostfriesischen Grafen 1532 in Schutt und Asche gefallen war. Zahlen durften dafür allerdings die Untertanen mit einer Sondersteuer.

Beim letzten der inzwischen acht oder neun Kirchenbrände wäre das Grabmal um Haares-

Das manieristische Grabmal für Edo Wiemken ist der größte Schatz von Jever.

breite verloren gegangen. Ein unachtsamer Arbeiter soll am 1. Oktober 1959 beim Spritzen eines Holzschutzmittels im Dachstuhl seine Zigarette verloren haben. Andere sagen, er hätte seine Pfeife gestopft. Jedenfalls kam es zu einer gewaltigen Explosion. Binnen Minuten stand das Dach lichterloh in Flammen und stürzte schließlich ins Kirchenschiff. Nach dem heißen Rekordsommer waren die Graften leer, der Wasserdruck für die Spritzen der Feuerwehr schlicht zu schwach. Nur eine Brandmauer bewahrte Edo Wiemkens Grabmal vor den Flammen. Man kann heute noch auf dem Boden sehen, wo sie stand.

Erhalten blieb ansonsten nur der neogotische Glockenturm von 1877, seit 1902 auf 54 Meter erhöht. Wie in Friesland vielfach üblich, wurde er in einiger Entfernung zur Kir-

che selbst aufgestellt. Auf dem weichen Grund hätten die Schwingungen der schweren Glocken sonst womöglich das ganze Bauwerk ins Schwanken gebracht. Doch nicht nur die Stadtkirche zeugt vom reichen religiösen Leben in der Stadt. Auf dem Friedhof bewahrt die kleine St.-Annen-Kapelle aus dem Jahr 1610 einen wertvollen Altaraufsatz mit reichem Bilderschmuck aus dem Mittelalter. Im heutigen Ortsteil Cleverns zeugt die trutzige evangelisch-lutherische Wehrkirche St. Petrus zum heiligen Kreuz im spätromanischen Stil noch von den Belagerungen des Hochmittelalters. Im Inneren trennt der aus Backsteinbögen geformte Lettner den heiligen Altarraum markant von der Gemeinde. Im Ortsteil Sandel kurz vor der magischen „Goldenen Linie" an der Grenze zu Ostfriesland thront die Wehrkirche St. Jakobus auf fünf Meter hoher

Wurt. Bereits 1317 wird sie in einem päpstlichen Einnahmebuch erwähnt, ihr Inventar ist jedoch im Dreißigjährigen Krieg verloren gegangen und stammt heute aus dem 19. Jahrhundert.

Schon um 1837 ließen sich auch die ersten drei Baptisten im Tettenser Tief untertauchen. Doch erst 1858 war die großherzoglich-oldenburgische Verwaltung von der Harmlosigkeit der neuen Glaubensgemeinschaft überzeugt. Ihr neugotisches Bethaus am Elisabethufer steht noch heute. Dem nationalsozialistischen Wahnsinn fiel hingegen in der Reichspogromnacht 1938 auch die Synagoge der Stadt zum Opfer. Seit dem 17. Jahrhundert gehörten bis zu 200 Juden zu den angesehenen Bürgern von Jever, doch Nationalsozialisten brannten ihr 1880 geweihtes Gotteshaus nieder. Eine Gedenktafel in der Wasserpfortstraße 19 erinnert daran.

Mindestens 85 der zuletzt rund 100 jüdischen Mitglieder kamen in den Vernichtungslagern des Dritten Reiches um, einige flohen ins Ausland. Eine der wenigen Ausnahmen war Fritz Levy, der Anfang der 1980er-Jahre von der nationalen und internationalen Presse bis zur New York Times als „der letzte Jude von Jever" bekannt gemacht wurde. Zunächst ins KZ Sachsenhausen deportiert, kam der Schlachtermeister durch mutige Fürsprache eines Jeveraner Amtsrichters Ende 1938 wieder frei. Doch Jever war dunkelbraun geworden – ein Verweilen unmöglich. Auf dem nächstbesten Dampfer verließ Levy das Land mit Ziel Shanghai, überlebte als Fahrradkurier und kehrte 1951 über Australien, San Francisco und New York zurück nach Jever: „Das Heimweh ließ mich nicht zur Ruhe kommen."

In der Stadt hieß man ihn allerdings nicht mit offenen Armen willkommen. Unbekannte schmierten Hakenkreuze an sein Hoftor.

Figur am Kopfende des Häuptlings Edo Wiemken.

Levy zog sich zurück, unterstützte aber die rebellische Jugend auf der Suche nach einem Jugendhaus. Die jungen Leute wählten ihn dafür schließlich 1981 in den Stadtrat, doch im Jahr darauf machte Levy seinem Leben ein Ende. Peter Feacke setzte ihm ein literarisches Denkmal mit seinem Roman „Ankunft eines Schüchternen im Himmel".

HÄNDLER UND HAUDEGEN GEHEN VON BORD

Auch wenn Jever zu keiner Zeit direkt am Meer gelegen hat, war die Residenz doch bis ins vorletzte Jahrhundert stets Hafenstadt. Gegrabene Kanäle verbanden sie zunächst mit der Crildumer Bucht, später der Harlebucht im Westen. Da die Nordsee in diesen

Buchten im Lauf der Jahrhunderte immer mehr Schlick ablagerte, gruben die Friesen zu Zeiten Fräulein Marias das Hookstief von der Jademündung bis ins Hinterland. Hier an der Küste spricht man von schlöten statt graben. 1546 wurde Hooksiel als Vorhafen von Jever gegründet. Den Stadthafen, die sogenannte Schlachte, kann man noch heute sehen, wenn man der Schlachtstraße nach Norden folgt. Der Wasserarm wurde zwar um 1870 zugeschüttet, als eine befestigte Straße nach Hooksiel angelegt war. Aber ein Spielschiff im Sand des alten Hafens und zwei Hafenkneipen erinnern an seine alte Bestimmung. Der Name Schlachte rührt übrigens keineswegs von der Fleischverarbeitung her, sondern wohl eher vom Einschlagen der Holzpflöcke für die Hafenbefestigung.

Über das niedrige Hookstief mussten alle Waren in flachen Booten mühsam in die Stadt getreidelt werden. Doch der Aufwand lohn-

Mut zur Farbe: Blaudruckerei im Kattrepel.

te sich: „Bis um 1800 waren die Küstenorte Frieslands Norddeutschlands Tor zur Welt. Ins Abseits der Verkehrsrouten gelangten sie erst durch den Landhandel", erklärt die Historikerin Dr. Antje Sander vom Schlossmuseum Jever. Tatsächlich sind nicht nur Handelsbeziehungen nach Bremen, Stade und Hamburg nachgewiesen, sondern auch nach Holland und Flandern im Westen, nach Holstein und in den Ostseeraum im Osten und bis nach Island im Norden. Pferde und Rinder, Butter und Speck, Häute und Käse hatten die Jeveraner zu bieten. Dafür erwarben sie Roggen, Heringe, Erz, Wollgarn und Tuche.

Allerdings brachte die See nicht nur Reichtum, sondern auch Schrecken. Ausgerechnet am Weihnachtsabend 1717 drückte ein unerwartet einsetzender Nordweststurm die Flut fünf Stunden zu früh in die Deutsche Bucht. Allein in der Herrschaft Jever kamen in dieser Katastrophennacht 1700 Menschen ums Leben. Zum Vergleich: 1769 hatten Stadt und Vorstadt Jever zusammen nur 3363 Einwohner. Bis ins späte Frühjahr hinein fanden Bauern im Jeverland immer wieder Leichen in Gräben, Kolken und im Gebüsch. Die meisten waren von der Flut mitten in der Nacht überrascht worden und nur spärlich bekleidet. So die Wellen sie nicht gegen herumtreibende Häuser, Bäume oder Wagen geschleudert hatten, waren sie bitterlich erfroren. 8000 Häuser brachen in dieser Nacht zwischen Groningen und Nordfriesland zusammen, 44 000 Rinder ersoffen. Und damit nicht genug: Vielerorts waren die überfluteten Grodenflächen über Jahre hin versalzen und für den Ackerbau nicht mehr zu gebrauchen. Etliche Brunnen lieferten kein Trinkwasser mehr. Seuchen breiteten sich aus und Mäuse, denn auch viele ihrer natürlichen Feinde hatte der Blanke Hans geholt. Häuser, die noch standen, waren oft so durchnässt, dass sie über Monate praktisch unbewohnbar blieben. Und der Rat der

Vom Konzertposaunisten zum Schäfer: Zwischen Wallhecken züchtet Hans-Georg Herten heute seine Schafe.

Oldenburger Regierung, die Bewohner möchten zum Trocknen Schwarzpulver verbrennen, dürfte manchen Brand zur Folge gehabt haben. Jahrzehnte dauerte es, bis sich die Region erholte.

Dennoch spülte die See mit Händlern und Haudegen auch immer wieder neueste Errungenschaften in Technik und Mode und Ideen nach Jever. Und so ist es bis heute geblieben. Statt ihre Innenstadt dem Niedergang durch ein großes Einkaufszentrum auf der grünen Wiese preiszugeben, haben viele alte und neu gestrandete Jeveraner die Initiative ergriffen. Curd Zschope hat sich mit einer Privatrösterei selbständig gemacht. Seit 2007 bietet er 17 Sorten frisch veredelt und auf Wunsch gemahlen. Georg Stark druckt im Kattrepel mit 600 verschiedenen Musterstempeln aus vier Jahrhunderten, sogenannten Modeln, eine althergebrachte Masse auf weißes Tuch. Danach spannt er den Stoff auf einen eisernen Kron-

reifen und taucht ihn in die Indigo-Küpe. Seine Blaudruckerei ist heute Sinnbild tradierter echter Handwerkskunst.

Auch Hans-Georg Herten besann sich vor einigen Jahren auf alte Werte. Eigentlich war der Mönchengladbacher Konzertposaunist, wurde aber „kaputt operiert", wie er sagt. 1985 kam er als Musikschullehrer nach Friesland. Doch schon bald tauschte er zwei Dutzend Musikschulkinder gegen 300 Schafe. Und seit einigen Jahren bietet er in seiner Schlosskäserei in einem alten Bürgerhaus aus dem Jahr 1754 selbst gemachten Käse in 30 Sorten an, mit Schnittlauch, Bärlauch oder Knoblauch, als Cremekäse, in Salzlake oder zwölf Monate luftgetrocknet. „Die Macher stecken sich hier gegenseitig an", sagt er und blickt entspannt in die Zukunft. „Ich bin sicher, in Jever werden sich noch viel mehr Händler, Künstler und Handwerker ansiedeln, die alte Erfahrungen nutzen, um Neues zu schaffen."

Der Stadtteil Grafschaft von Schortens zwischen Wasser und Wald.

Schortens – die heimliche Stadt.

Schortens – Die heimliche Stadt

Und irgendwann ist man in Schortens. Egal, ob man aus Jever im Westen, dem Wangerland im Norden, Wilhelmshaven im Osten oder aus Sande und Friedeburg im Süden kommt – unvermittelt und ohne markante Landmarke wechselt man in die zweitgrößte Stadt des Landkreises Friesland. Wer mit dem Kleinflugzeug über die Kommune fliegt, der sieht ein schier unendliches Meer von schmucken Häuschen im Grünen, aber kaum einen greifbaren Kern.

Und wie die Stadt wirkt, so ist sie unbemerkt und fast klammheimlich auch entstanden. Ursprünglich war Schortens ein Kirchdorf unter vielen anderen wie Accum, Addernhausen, Ostiem, Roffhausen oder Schoost. Der preußische Kriegshafen an der Jade lockte jedoch im 19. Jahrhundert viele Arbeiter und Handwerker in die Gegend, die sich lieber im Oldenburgischen ansiedelten als in der engen Stadt mit ihrer gestrengen preußischen Polizei. Nach dem Zweiten Weltkrieg kamen über 4000 Heimatvertriebene hinzu und 1972 verschmolz die Gemeinde Sillenstede mit Schortens. Aus 8100 Einwohnern im Jahr 1946 wurden bis zum Jahr 2010 20 931 – und aus der Flächengemeinde wurde 2005 eine eigene Stadt.

Und so gesichtslos, wie es auf den ersten Blick scheint, ist sie gar nicht. Denn eine Stadt lebt schließlich vor allem von ihren Menschen: Am ehesten heißen die in Schortens norddeutsch Janßen. Jeder 50. Schortenser, 431 insgesamt, hat das am Klingelschild stehen. 150 Schortenser heißen Müller, 143 Schmidt. Rund die Hälfte der Einwohner – 10 721 – ist verheiratet, 267 Paare sogar seit 50 und mehr Jahren. 63 Paare haben sich 2009 getraut, 87

wurden geschieden. 134 Menschen sind 2009 in Schortens gestorben, aber nur zwei wurden geboren. Das liegt aber nur daran, dass es in der Stadt kein eigenes Krankenhaus gibt. Der Schortenser ist im Durchschnitt 44 Jahre alt und liebt sein Eigenheim: 6644 Einfamilienhäusern stehen 814 Doppelhäuser und nur 212 Häuser für mehrere Familien gegenüber. Man engagiert sich in 109 Vereinen, davon widmen sich drei dem Friesensport des Klootschießens und Boßelns. Die Schortenser entliehen 2009 80 594 Bücher aus der Bücherei, gingen im Schnitt fast 20-mal in ihr Freizeitbad Aqua-Toll und besuchten 51 000 öffentliche Veranstaltungen und spazierten mit ihren 1650 Hunden durch 45,7 Hektar öffentliche Grünanlagen.

In einem dieser Refugien hat die Stadt von heute ihre Keimzelle. Der Klosterpark im Stadtteil Oestringfelde liegt dort, wo über Jahrhunderte das sakrale Herz des Jeverlandes pochte. Dürftige Ruinen aus schweren Granitquadern markieren den Ort, an dem Willehad angeblich 781 die ersten Christen im Gau Oestringen taufte. Friedfertig allerdings machte sie der neue Glaube nicht. Auch die Thingversammlung der freien Friesen beim Upstalsboom in der Nähe von Aurich konnte im 12. Jahrhundert die anhaltenden Streitereien der Oestringer und Rüstringer nicht schlichten. Als auf einer Totenfeier anno 1148 ein adliger Jüngling aus dem Wangerland einen Oestringer niederstreckte und die Rüstringer daraufhin kein Sühnegeld zahlen wollten, stattdessen gar die Boten ermordeten, erwuchs daraus ein regelrechter Krieg. Als die Rüstringer sich mit den Harlingern und Aurichern und sogar dem Grafen von Oldenburg und einem sächsischen Heer unter Heinrich dem Löwen

Wo Schortens baden geht – im Aqua-Toll. ➤

zusammentaten, suchten die Oestringer über-irdische Hilfe. Wenn die Jungfrau Maria ihnen beistehe, wollten sie ihr eine Kapelle und St. Stephanus eine Kirche bauen. Als dieser Deal in der Schlacht 1176 ein zweites Mal gelang und beide Parteien am Grenzflüsschen Maade im Jahr darauf endlich Frieden schlossen, war ein ordentliches Stift auf dem Schlacht- und Gräberfeld fällig.

Zunächst zogen Chorherren auf dem Oestringfelde ein, doch im 14. Jahrhundert holte sie der Schwarze Tod. Von der Pest tief erschreckt, schenkten die Landesherren das Stift mit allem Besitz als gottesfürchtige Gabe den Dominikanern. Oestringfelde wurde zum bedeutenden Nonnenkonvent und seine Pferdezucht wurde im Nordwesten so berühmt, dass Schortens noch heute ein steigendes rotes Pferd im Wappen trägt. Eine Bronzefigur davon steht heute auch vor dem Bürgerhaus. Sowohl die erste Frau Edo Wiemkens des

Jüngeren als auch Fräulein Marias heimlicher Geliebter Boing von Oldersum bedachten das Kloster mit Stiftungen. Erst 1577 wurde es aufgelöst, angeblich weil „scandala von den nunnen entstan" seien. In Wahrheit hatte der neue oldenburgische Landesherr darin schlicht eine Goldgrube gesehen. Graf Anton Günther nutzte die Kirche nur noch als Steinbruch für Bauarbeiten auf Wangerooge.

Doch da war noch die Stephanus-Kirche, deren Bau man gelobt hatte. Weithin sichtbar über der Geest entstand sie kurz nach 1153 auf 4,5 Meter hohem Fundament, umgeben von einem künstlichen Hügel – das älteste datierbare Gotteshaus auf der Ostfriesischen Halbinsel und noch heute eines der mächtigsten. Findlinge aus Granit formen ihr 36 Meter langes Fundament, eigens aus der Vulkaneifel herangeschaffter Tuffstein bildet ihre Mauern. Mit Mörtel aus zerkleinerten Herzmuscheln wurden sie verfugt.

Die Pferdezucht im Kloster Oestringfelde war legendär. Noch heute steigt ein Ross im Stadtwappen und als Bronzestatue vor dem Bürgerhaus auf die Hinterbeine.

Schortens – Der Flügelaltar von St. Stephanus mit 25 Bildern der Passion Christi strahlt wieder in neuem Glanz.

Die Kirche von Accum entstand nach 1200, als holländische Zisterzienser-Mönche den Friesen erklärten, wie sich rote Tonerde zu Klinkersteinen verbacken lässt. Ihren schlanken Turm bekam sie erst später.

Sankt Florian von Sillenstede ist die größte Kirche im Jeverland.

Ganz vorne in der Kirche zeigt ein edles Grabmal aus schwarzem Marmor Tido und seine Gattin Eva als gottesfürchtiges Paar.

St. Florian, dem Schutzheiligen bei Feuer und Wassernot, widmeten die Sillensteder ihr Gotteshaus und bauten es 1233 sturmflutsicher aus schweren Granitquadern. 1,40 Meter dick sind die Wände und bis heute überragt das 44 Meter lange Gotteshaus – das größte im Jeverland – den gemütlichen Dorfkern. Ein üppig dekorierter Taufstein aus dem Jahr 1250, ungewöhnliche steinerne Baldachine, an den Seiten mit rotweiß gewundenen Säulen, und eine mit Blattornamenten ausgemalte Kastendecke in elf Metern Höhe verbergen sich im Inneren.

Doch auch außerhalb seiner Kirche lohnt Sillenstede einen Bummel. Gepflasterte Klinkerstraßen, schmucke Häuschen unter alten Bäumen und inmitten blühender Gärten vermitteln ein Gefühl von Idylle. Das Dorf gehört zweifelsohne zu den schönsten in Friesland und gewann immer wieder Preise für gelungene Dorferneuerung.

Anders als andere Flecken auf dem Land ist von Abwanderung hier nichts zu spüren. Die Dorfgemeinschaft ist so intakt wie die Bausubstanz und nicht nur die Freiwillige Feuerwehr stets einsatzbereit. Das hat Folgen: Lebten hier vor einem Jahrzehnt noch 1800 Seelen, so sind es heute sogar 2300.

Die katholische Kirche von Schortens.

Die Accumer Mühle von 1746 mahlt noch heute.

Bunte Melange: Bauernhof-Romantik und Neoklassizismus bei Ufkenhausen.

Wie überall an der Nordseeküste, gibt es auch im Wangerland zahllose moderne Windkraftanlagen.

Vom ewigen Wind getrieben: Dunkle Wolken dräuen nie lange über dem Strand von Schillig.

WANGERLAND –
WINDIGE WEITE, SAFTIGE WEIDE

„Mama, die Möwe hat meinen Keks geklaut", ruft der kleine Junge mit dem rot-weiß gestreiften Polohemd und zieht seine schwarze Schirmmütze tief ins Gesicht. Eine Mischung aus Empörung und Erstaunen schwingt in der Stimme des Dreijährigen. „Du musst besser aufpassen, Luca", kommt als Antwort aus dem weißen Strandkorb mit der blauen Markise und der Nummer 237, „so ist das hier am Meer."

Seit 18 Jahren kommt Angela Heusner aus Dortmund jeden Sommer für ein paar Tage an die Küste nach Horumersiel-Schillig. Das erzählt sie gleich begeistert, als sie aus dem Strandkorb nach ihrem Filius lugt. Drei Stunden Autofahrt auf schneller Strecke braucht sie von Westfalen an die Nordsee. Zur Belohnung lockt ein kilometerlanger breiter Sandstrand, bevölkert von Möwen und Marienkäfern. Im flachen Wasser planschen Kinder unbesorgt mit übergroßen Keschern und Gummitieren oder suchen an der Wasserlinie nach bunten Muscheln und Bernstein. Auf den Wiesen dahinter spielen Jugendliche mit einer Frisbee-Scheibe. Ein Lenkdrachen hängt zwischen Schönwetterwolken am weiten friesischen Himmel. Und anders als etwa am Jadebusen sind die Industrieanlagen von Wilhelmshaven von hier aus nur in weiter Ferne zu sehen.

Auch Ehemann Jörg, die fünfjährige Luisa und Luca mit seiner Schirmmütze hat Angela Heusner im Schlepptau – und allerhand bunte Plastikförmchen, Schaufeln, Sonnenöl und Badeschlappen. Eine Idylle für zwischendurch – dafür steht das Wangerland an der Ostspitze Ostfrieslands – nicht nur für die Heusners. 297 000 Feriengäste zählte die Gemeinde Wangerland allein im Jahr 2009. Mit 1,93

Millionen Übernachtungen in den Ferienorten Horumersiel-Schillig, Hooksiel und Minsen-Förrien ist sie Marktführer in der Region Weser-Ems. Dazu haben die Wangerländer ihren Gästen 2009 in den kleinen Pensionen und Hotels von der zweckmäßigen Ferienwohnung bis zum Vier-Sterne-Haus und auf mehr als 20 Ferienbauernhöfen zwischen Schwarzbunten, Deichschafen, Hühnern und Schäferhunden insgesamt rund 10 000 Betten aufgeschlagen und an den schönsten Küstenabschnitten 1000 Strandkörbe aufgestellt, 600 in Schillig, 400 in Hooksiel. Die Campingplätze in Horumersiel und Hooksiel gehören mit jeweils 15 000 Stellplätzen zu den größten im Land und von ihrer Fläche zu den größten in Europa. Und Klasse haben sie auch: Neben großzügigen Sanitärhäusern und Spielangeboten bieten sie WLAN-Anschluss zum Rest der Welt und in Hooksiel traditionell einen umfriedeten Bereich für Nacktcamper mit eigenem Strandzugang. „Da viele halbtags arbeiten, sind schon 7000 bis 8000 Menschen nötig, um unseren Gästen den Urlaub so angenehm wie möglich zu gestalten", ist Bürgermeister Harald Hinrichs sicher. Wer arbeiten kann, der hat im Wangerland fast immer irgendwie mit dem Fremdenverkehr zu tun. Arbeiten, wo andere Urlaub machen – hier ist das Motto längst Realität – und ein Deichspaziergang oftmals trotzdem drin.

Auf die Aktiven warten im Wangerland 30 Kilometer Deichlinie zum Spazieren, Inlineskaten oder Kitesurfen, rund 200 Kilometer Radwege – und viel, viel Platz. Mit einer Fläche von 176 Quadratkilometern ist das Wangerland eine der größten Gemeinden in der Bundesrepublik. Dortmund, die Heimat der Heusners, hat dagegen eine Fläche von 280 Quadratkilo-

Saftige Weiden erfreuen die Schwarzbunten bei Osteraltendeich.

metern. Aber während sich in der westfälischen Stadt 584 000 Menschen drängeln, wohnen im Wangerland gerade mal 10 105 Friesen, statistisch gesehen 57 pro Quadratkilometer. 229 Menschen auf einem Quadratkilometer sind es im Bundesdurchschnitt. So bleibt reichlich Raum zum Entspannen in der windigen Weite auf saftiger Weide. Ja, und Weideland gibt es auch noch reichlich. Immerhin 15 000 Quadratkilometer der Gemeindefläche werden für landwirtschaftliche Zwecke genutzt. Die friesischen Kühe sind auf dem fruchtbaren Marschland allgegenwärtig. Und den Wind macht man sich im Wangerland längst nicht mehr nur mit den schmucken Galerie-Holländern, wie der Stumpenser Mühle nördlich von Hooksiel, zum Mehl-Mahlen zunutze. Schließlich leben die Friesen zwar hinterm Deich, aber keineswegs hinterm Mond. Die weißen Rotoren von 83 Windkraftanlagen zeugen im Wangerland weithin von Umweltbewusstsein und der Energiewende. 37 von ihnen stehen im Windpark Bassens, die übrigen bieten Landwirten und anderen Grundeigentümern eine zusätzliche Einkommensquelle. Mit einer Leistung von 47

Megawatt produzieren sie fast lautlos deutlich mehr Strom, als die Einwohner und ihre Gäste verbrauchen. „Und es soll noch viel mehr werden", sagt Manfred Meinen von der Gemeindeverwaltung in Hohenkirchen. Dort träumt man nicht von windigen Geschäften: Man hat sie fest ins Auge gefasst. Die alten Anlagen aus den Kinderjahren der Windenergie sollen leistungsstarken Rotoren weichen. Wenn die letzten 225-Kilowatt-Anlagen modernen 5-Megawatt-Geräten Platz machen, könnte das Wangerland seine produzierte Strommenge praktisch verzehnfachen.

Zum Image des Wangerlandes passt diese weiße Technologie gut. Immerhin liegt die Gemeinde direkt an der Grenze zum Nationalpark Niedersächsisches Wattenmeer. Und der ist mit seinen Sandbänken, Wattflächen und Salzwiesen auf dem Festland und den Inseln als Raststätte für viele Millionen Zugvögel derart unerlässlich, dass er seit 2009 zum UNESCO-Weltnaturerbe der Menschheit gehört. „Da darf eine Möwe auch mal einen Keks klauen", findet Angela Heusner beeindruckt.

67

Weite und die unverfälschte Natur des Wattenmeeres prägen das Weltnaturerbe.

Immer noch nah am Wasser gebaut: Hooksiel.

Nach den Eindeichungen wurde aus dem Hooksiel ein Binnensee mit Schleuse zum Meer.

So bewegt wie der friesische Himmel waren stets auch die Zeiten in Hooksiel.

Hier kann man auch bei Ebbe surfen oder sich vom Wasserskilift durchs Wasser ziehen lassen. Und im neuen Außenhafen landen nach wie vor vier Kutter fangfrischen Granat an. Muschelfischer David de Leeuw bürstet mit seinen Kuttern „Royal Frysk" und „Siebennus Gerjets" junge Miesmuscheln von ausgelegten Langleinen oder natürlichen Muschelbänken und bringt sie auf künstlichen Kulturflächen in der Jademündung aus. Von dort geerntet, sind sie im Herbst und Winter eine besondere Delikatesse.

Viele Urlauber nutzen die zahlreichen Angebote: 2009 konnten die rund 2100 Hooksieler etwa 80 000 Feriengäste begrüßen und viele Tausend weitere Tagesausflügler. Gerade in den letzten Jahren hat sich der Ortskern mit seiner neuen Fußgängerzone und vielen Cafés und Restaurants stark entwickelt. Und gleich hinter der Hafenmauer erinnert das Internationale Muschelmuseum an Hooksiels alte Rolle als Tor zur Welt. Der alte Marine-Angehörige und Strandläufer Georg Hempfling zeigt dort großen und kleinen Besuchern, was er in 35 Jahren auf See von seinen Reisen in aller Herren Länder mitbrachte – Muscheln und Schnecken von rund 5000 Arten. Während früher die Waren der Welt über Hooksiel nach Nordwestdeutschland kamen, ist hier heute eben die Welt selbst zu Besuch.

BURG FISCHHAUSEN: RENAISSANCE TRIFFT ROMANTIK

Spätestens wenn man durch die dunklen Gänge und lichten Salons des Jeveraner Schlosses wandelt, wird sich wohl jeder in Tagträumen ausmalen, wie so ein Leben wäre als Schlossherr oder Burgfräulein. Der Wilhelmshavener Volker Schiersch hat nicht nur geträumt und damit in den letzten drei Jahrzehnten die wohl schönste Wohnimmobilie des Wangerlandes wieder zu einem bewundernswerten Kleinod gemacht: Burg Fischhausen. Fast ein wenig schüchtern wirkt das

unauffällige Hinweisschild auf dem Weg von Hooksiel drei Kilometer in Richtung Norden. Der kleine Umweg durch Wiesen und Felder endet an einem Wassergraben mit hölzerner Zugbrücke. Volker Schiersch ließ sie wieder aufbauen, um dem Ensemble sein überliefertes Aussehen zu verleihen. Wer das Bild von heute mit dem Bau im Stil der holländischen Renaissance anno 1774 vergleichen möchte, der muss sich allerdings schon trauen lassen. In diesem Fall öffnen Inge und Volker Schiersch den Rittersaal der Burg als stilechtes Trauzimmer. Blickfang darin ist ein prunkvoller weißer Kamin, der das Schloss in seinem historischen Zustand zeigt.

1860 kamen die ersten Badegäste an den feinen Sandstrand von Schillig.

Als der Geschäftsmann und Hotelier Schiersch das Gebäude mit seinen zehn Räumen, 800 Quadratmetern Wohnfläche und 5,6 Hektar Land 1981 durch einen Zufall angeboten bekam, muss er sich wohl in dieses Bild verliebt haben. Denn die Realität sah anders aus: Viele Fenster waren vermauert, die Decken nur provisorisch abgestützt, die Fußböden mit Beton übergossen und die Vertäfelungen vom Salpeter angefressen. Eine Bruchbude oder besser gesagt eine Bruchburg. Selbst der markante Turm mit Kuppelspitze hatte Schräglage. Nur über der Tür zum Turm kündeten das Wappen von Fischhausen und die Jahreszahl 1578 noch von alter Größe.

Ricklef von Fischhausen, ein Freund Edo Wiemkens des Jüngeren, war der erste bekannte Besitzer. Als er sich jedoch den ostfriesischen Grafen anschloss, machte Fräulein Maria das Schlossgut zu einem Ritterlehen und verkungelte es an einen gewissen Wiard, der schließlich kinderlos in der nahe gelegenen Wüppelser Kirche beigesetzt wurde. Immerhin unter einem riesigen Grabstein. Der nimmt im engen Kirchenschiff derart viel Platz ein, dass Kirchenbesucher dem Herrn von Fischhausen heute auf dem Kopf herumtrampeln müssen, ob sie wollen oder nicht. Der Landadelige Boing von Waddewarden und Günther von Weltzien, der Drost von Kniphausen, waren weitere Besitzer. Sie umgaben sich angeblich mit Betten mit blauem und gelbem Damast, mit kunstvoll geschnitzten Truhen und prachtvollen Stühlen, die mit rotem Leder überzogen waren. Und in dieser Zeit entstand wohl auch die Geschichte von einem Kellerverlies, in dem zu neugierige Mägde und Knechte für immer verschwunden seien. Wohl damit sich der wertvolle Hausrat nicht verflüchtigte, kursierten außerdem wilde Schauergerüchte über Unglücksfälle. Die drohten angeblich Haus und Hof, wenn aus bestimmten Räumen etwas verschwand, wusste noch Carl Woebcken in den 1920er-Jahren.

Geholfen hat es wenig. In den Jahrhunderten wechselte Fischhausen so oft seine Besitzer, dass die Warnungen in Vergessenheit gerieten. Im Rittersaal pickten Hühner nach Körnern, darüber lagerten fleißige Landwirte ihr Getreide. Als Volker Schiersch 1981 Eigentümer wurde, musste er praktisch fast von vorn anfangen. Erst nach 17 Jahren Arbeit im Urlaub und an ungezählten Wochenenden war an die Renovierung der eigentlichen Wohnräume überhaupt zu denken. Die Mühe hat sich trotzdem gelohnt: Wer kann sich schon Burgherr nennen außerhalb seiner Träume?

Nordseeheilbad Horumersiel-Schillig: Tief durchatmen

„Die langersehnte goldene Ferienzeit ist nun da", freute sich ein Autor aus Horumersiel am 16. Juli 1909 im „Jeverschen Wochenblatt". „Wer es möglich machen kann, verlässt die Stadt mit ihrem Hasten und Treiben und geht ins Bad, um (…) die geschwächten Nerven zu stärken. (…) In unserem Badeorte hat sich ein lustiges Strandleben entfaltet. Die Kinder bauen Burgen und die Erwachsenen vergnügen sich mit Baden, Bootfahren, Granatfischen und Wettlaufen."

Bis auf die aus der Mode gekommenen Wettläufe hat sich bis dato wenig geändert an den Urlaubsgebräuchen in Horumersiel-Schillig, der Keimzelle des Bädertourismus im Wangerland ganz im Nordosten der Ostfriesischen Halbinsel. Nur die Zahl der Badegäste ist nicht mehr dieselbe. Von 70 Anwesenden schrieb das „Jeversche Wochenblatt" 1909. Genau ein Jahrhundert später waren es in Horumersiel-Schillig 178 000! Dabei hatte der Badebetrieb an der damals noch oldenburgischen Küste keinen leichten Start. Die Silvesternacht 1854/1855 wurde zum ungewollten Ausgangspunkt einer beeindruckenden

„Mein Boot – dein Boot": Freizeitkapitäne aus allen ➤ Himmelsrichtungen zieht es nach Horumersiel.

Entwicklung. Damals zerriss eine gewaltige Sturmflut die vorgelagerte Insel Wangerooge in mehrere Teile und vernichtete das alte Dorf im Westen. Auch die Gebäude der längst etablierten Badeanstalt wurden dabei größtenteils fortgespült oder demoliert.

Genug der Pein, fand der Wangerooger Kaufmann Gerd Carstens. Er verlud die übrig gebliebenen Badewagen und Zelte und verschiffte sie nach Horumersiel. „…wenn das Etablissement auch wohl nie einen großen Umfang verlangen wird, so zweifelt das Amt doch nicht, dass es namentlich vom Gelände mehrfach benutzt werden wird", erklärte der zuständige Amtmann in Minsen und gab Carstens 1860 die Konzession für ein Strandbad.

Baden war seinerzeit eine komplizierte Sache: Voll bekleidet stiegen die Damen in geschlossene hölzerne Karren, die ihnen zum Entkleiden dienten. Nachdem Knechte das Gefährt in die Flut gezogen hatten, klappten Aufwärterinnen eine Markise aus und halfen der bleichen Insassin über eine Holztreppe ins Wasser, wo sie gerieben und untergetaucht wurde – höchstens für fünf bis sechs Minuten. Mehr Meer hielt man seinerzeit nicht für zumutbar. Die Herren entledigten sich in Badezelten am Strand ihrer Kleidung, waren im Wasser aber kaum weniger zimperlich. Auch wenn die frühen Badegäste sich noch beim Leuchtturmwärter oder in den umliegenden Bauernhöfen einquartieren mussten, bot Schillig mit leichterer Anreise und moderaten Preisen immerhin schnell eine beliebte Alternative zu den Inseln.

Um die Jahrhundertwende brachte Gerhard Heinrich Tiarks Horumersiel dann weltweite Aufmerksamkeit. Eigentlich war er zu Geld gekommen, indem er im Haus von Kapitän Cassen Janssen Cassens die erste Strandwirtschaft betrieb. Doch in seiner Freizeit löste er im Keller aus alten Silbermünzen die Silber-

ionen und brachte sie auf lichtempfindlichen Filmen auf. Damit bannte er das bunte Treiben am Strand und Sielhafen auf Film und schickte die Abzüge im Jahr 1900 als Postkarten zur Weltausstellung ins mondäne Paris. Unter 1800 deutschen Teilnehmern wurde Tiarks mit dem dritten Platz belohnt.

Doch erst nach dem Zweiten Weltkrieg bricht der Badeboom richtig aus. Im Krieg hatte es in Schillig wuchtige Bunkeranlagen gegeben, deren gesprengte Überreste liegen jetzt als Betonbrösel überall an den Stränden. Das ganze Dorf hilft mit, den Strand davon zu befreien. 1952 zählt der Badeverein schon 14 000 Übernachtungen. Mit Wettbewerben im Burgenbau, feucht-fröhlichen Prieltaufen und gymnastischen Übungen am Strand halten die Gastgeber ihre Urlauber bei Laune. Der erste Bürgersteig 1955, die Zuschüttung des alten Hafens 1962 und das neue Meerwasserwellenbad am Deich 1968, heute längst ersetzt durch die moderne Friesland-Therme, sind für das Doppel-Dorf wichtige Etappenziele auf dem Weg zum beliebtesten Urlaubsort an Ostfrieslands Küste. Auch als in der Nacht vom 16. Februar 1962 Orkantief Vincinette aus dem Polarmeer kommend die wilde Nordsee bis zu einer Rekordhöhe von 6,12 Meter über dem normalen Hochwasser auftürmt und fast alle Badeanlagen zerstört – vorhergesagt sind lediglich 3,5 Meter –, kann das den Aufschwung von Horumersiel und Schillig nicht mehr aufhalten. Exakt 350 Jahre nach dem Bau des Horumersiels zur Entwässerung des Hinterlandes erhält der Ort 1985 den Titel Nordseeheilbad verliehen. Auch wenn die Zahl der echten Kurgäste seither dramatisch gesunken ist: Wenn lachende Stadtkinder mit gesunder Bräune und roten Backen Eis essend durch die zentrale Goldstraße hüpfen, gefolgt von ihren entspannt plaudernden Eltern oder Großeltern, dann besteht kein Zweifel, wie gut die Tage am Meer allen tun.

◄ Dünenlandschaft
in Horumersiel-Schillig.

85

Hunderte Strandkörbe schützen an den Stränden des Wangerlandes vor Sonne und Sand.

Erholung pur zwischen Feldern und Meer: Horumersiel.

Hohenkirchens zentrales Gotteshaus liegt stolz auf sicherer Warft.

HOHENKIRCHEN: DEM NAMEN ALLE EHRE

Auch die Kirche hat mal klein angefangen. Als im weiten Norden noch alte Germanen-Götter den Ton angaben, wagten sich nur wenige christliche Sendboten hinaus aufs platte Land. Einer dieser Unerschrockenen war Bischof Ansgar aus Bremen, der im 9. Jahrhundert etliche zentrale Service-Stellen der neuen Religion in der Fläche installierte. Diese Taufkirchen dienten wiederum als Regionalzentren für diverse Filialen. Nach und nach wurde der neue Glaube im frühen Mittelalter auch in

Friesland zur Regel. Eine solche Mutterkirche brachte das Dorf Hohenkirchen bis heute zu seinem Namen. Das Gotteshaus wurde weithin sichtbar aus Holz auf einer rund sechs Meter hohen Wurt errichtet. Zweimal im Jahr schickte der Erzbischof von Bremen einen Domdekan dort hinaus, um das Sendgericht zu halten. Damit kam gegen Ende des Frühmittelalters erstmals eine auswärtige Autorität in den Gau Wanga.

Als genügend neue Christen getauft waren, bauten die sich in Minsen, Wiarden, Wüppels, Oldorf, Tettens, Mederns und auf der Insel

Wahrzeichen der Gemeinde: ➤
der 40 Meter hohe Wasserturm.

Im Herzen des Wangerlandes: Hohenkirchen.

Wangerooge eigene Gotteshäuser. In Hohenkirchen allerdings blieb die Oberaufsicht – der Name war Programm. Und noch 1200 Jahre später dient der Ort als Zentrum und Verwaltungssitz der Gemeinde. Der Name ist übrigens kein Einzelfall: Hohenkirchen gibt es bei Gotha in Thüringen, im Nordwesten Mecklenburgs, bei Kassel in Hessen, in Sachsen und Sachsen-Anhalt – und im Herzen des Wangerlandes.

Von jenem ersten Kirchenbau ist nichts geblieben. Trotzdem schart sich das Dorf noch heute um seine Kirche. Obwohl evangelisch, ist sie St. Sixtus und Sinitius gewidmet. 1143 wurden die schweren Granitquader aufgetürmt, durchbrochen nur von jeweils sechs schmalen romanischen Fenstern an beiden Längsseiten. Efeu rankt heute romantisch bis zum Ziegeldach.

Seit der Reformation ist die Kirche im Innern schlicht gehalten. Dadurch fällt allerdings der prunkvolle Altaraufsatz, in grellen Farben auf Silberfolie bemalt, gleich ins Auge. Man könnte das Meisterwerk des Hamburger Bildhauers Ludwig Münstermann aus dem Jahr 1620 für ein typisches Beispiel katholischen Barocks halten, würden nicht die Halbfiguren der Reformatoren Martin Luther und Philipp Melanchthon das Zierwerk einrahmen. Dazu passt die ornamentreiche hölzerne Kanzel rechts des Altars. Sie wurde in derselben Werkstatt geschnitzt.

Da die Kirche selbst wohl aus statischen Gründen nur über einen winzigen aufgesetzten Turm verfügt, wurde der Wasserturm auf der etwas abgelegenen Wurt Landeswarfen zum eigentlichen Wahrzeichen der Gemeinde. 1934 entstand der 40 Meter hohe Klinkerbau nach Plänen des Hamburger Architekten Fritz Höger, der auch Wilhelmshavens Rathaus entworfen hatte.

Aus der Marsch ragt noch heute das Wurtendorf Ziallerns heraus.

Als um die Zeitenwende der Meeresspiegel stieg und die Fluten immer wieder Leben forderten, zogen die Menschen auf künstliche Wurten wie Ziallerns.

Wüppels, Tettens, Ziallerns: Alles auf die Warft

Der fruchtbare Kleiboden der Marsch hat die germanischen Chauken schon vor der Zeitenwende ins heutige Wangerland gelockt. Hier waren Erträge möglich, die auf dem kargen Sandboden der Geest undenkbar schienen. Auch rund um das heutige Dorf Ziallerns, rund zehn Kilometer westlich von Hooksiel, haben diese frühen Marschbauern gesiedelt. Und als um die Zeitenwende der Meeresspiegel stieg und Überflutungen immer wieder Hab und Gut und letztlich auch Leib und Leben bedrohten, blieben sie an Ort und Stelle und zogen sich auf künstliche Erdhügel, die Wurten, zurück. Später wurde aus mehreren Hofwurten mit jeweils nur einem Bauernhof eine große Dorfwarft. Umgerechnet 780 000 Schubkarrenladungen voll Klei und Stallmist haben die früheren Bewohner vor einem Jahrtausend bewegt, um sich in Ziallerns ein sicheres Heim zu schaffen.

Die hilfreiche Schubkarre allerdings war damals noch nicht erfunden und die Plackerei damit umso lästiger. Etwa fünf Meter ragt die Warft seither aus der Ebene und zeigt noch heute, wie man vor dem Deichbau im späten Mittelalter an der Küste siedelte. Von den einst acht geklinkerten Bauernhäusern im Gulfhausstil sind noch vier erhalten. Seit dem 17. Jahrhundert, als die bessere Entwässerung durch Siele und windgetriebene Schöpfwerke auch Ackerbau zuließ, sind diese großen Häuser der typische Anblick in der Marsch. Im Gulf, einem Teil des Stall- und Scheunentraktes, wurden damals Heu, Stroh und Getreide eingelagert. Eine schmale Straße führt rund um das Dorf, das seit 1937 als Musterbeispiel unter Landschaftsschutz steht. In Haus Nr. 7 wurde ein kleines Museum eingerichtet. In

der Mitte der Warft liegt der Fething. Heute nur noch ein hübscher Dorfteich, war das Gewässer früher das lebenswichtige Süßwasserreservoir.

Als steinerne Zeugen der Vergangenheit haben sich im Wangerland ansonsten vor allem zehn sehenswerte Granitquaderkirchen erhalten. Alle entstanden bis zum 13. Jahrhundert, bevor die Kunst des Klinkerbrennens diese einzigartige Bauweise verdrängte. Was für heutige Betrachter nach einem quadratisch-praktischen Baukastensystem aussieht, war allerdings tatsächlich ein vertracktes Stück Arbeit. Grundlage waren schließlich schwere Granitbrocken, von Eiszeitgletschern über viele hundert Kilometer aus den Gebirgen Skandinaviens herausgebrochen, bis auf die Geest gerollt und dabei rund geschliffen. Man spaltete sie mit einer Reihe von Eisenkeilen, um wenigstens eine gerade Seite zu erhalten und glättete auch die Ecken. Im Innern der Wände sind die Findlinge dagegen so rund, wie die Natur sie schuf. Deshalb sind die Mauern bis zu 1,70 Meter dick und an der Innenseite mit Tuff- und später Backsteinen verkleidet worden. Geröll und Mörtel füllten den Hohlraum dazwischen und Muschelkalk zwischen den Quadern gab den Wänden schließlich den nötigen Halt.

Es gibt die Granitkirchen im Wangerland praktisch in jedem Dorf, das etwas auf sich hielt – und jede hat ihren eigenen Charme. Ganz im Norden und nur wenige hundert Meter vom Meer entfernt thront die Kirche von Minsen auf hoher Wurt. Sturmfluten und Feuchtigkeit haben dem mächtigen Gebäude immer wieder zugesetzt. Nur schwere Eisenanker halten die Granitblöcke außen zusammen. Im Inneren wartet das Jüngste Gericht in all seiner Dramatik auf unerschrockene Betrachter. Wachrüttelnde Engel mit göttlichen Posaunen, die aus ihren offenen Gräbern entstiegenen bleichen Leiber der Auferstandenen und Petrus

Prächtiger Altaraufsatz in Waddewarden.

Eine Statue von Moses stützt die Kanzel in Wüppels.

neben ihr Kirchlein. Seine Glocken riefen die Bauern von den entfernteren Höfen zum Gottesdienst. Im Dorf selbst lässt sich zwischen blühenden Gärten die alte Ordnung mit Pfarrhaus, Schule und Dorfschenke noch erkennen, die über ein Jahrtausend lang die Ordnung in Friesland bestimmte.

In der St.-Martins-Kirche von Tettens mit ihrem wuchtigen Glockenturm sticht schließlich besonders das ungewöhnliche sieben Meter hohe Sakramentshaus ins Auge. In dem filigranen Sandsteinbau mit seinen Türmchen, Spitzbögen, Ranken und Krabbenornamenten wurde früher die geweihte Hostie aufbewahrt. Zu verdanken hatte die ländliche Gemeinde dieses kostbare Kleinod angeblich dem Temperament des Junkers Omme von Middoge.

Als der lebenslustige und den Damen stets zugewandte Landadelige eines Sonntags im Jahr 1526 schlecht aus dem Lotterbett und damit zu spät zur Messe kam, hatte Pastor Alverich bereits seine Predigt über Leichtlebigkeit und Laster begonnen. Omme soll den Geistlichen kurzerhand mit der Armbrust von der Kanzel geschossen haben. Der prunkvolle Turmschrein sei sein Sühneopfer gewesen. Komisch ist an der Legende allerdings nicht nur die Tatsache, dass Omme, damals schon im Rentenalter, eine schwere Armbrust in die Kirche geschleppt haben soll. Auch das Verhalten des Geistlichen gibt zu denken. Der hatte, wie Heimatforscher Klaus Stockter entdeckte, drei Tage vor der angeblichen Bluttat sein Testament gemacht – und seine Hinterlassenschaften zur Errichtung eben des besagten Sakramentshauses bestimmt.

103

Mit Rosen bedeckt: Restaurierter Gulfhof in Ziallerns.

Schillig liegt an der Nordspitze des Wangerlandes.

Nimm mich mit, Kapitän...

Kommt man über die immer einsamer werdende Autobahn 29 von Oldenburg nach Norden, oder gar mit der gemächlich vor sich hin juckelnden Nordwestbahn, so erscheint die Ostseite der Ostfriesischen Halbinsel wahrlich wie das Ende der Welt. Den Slogan vom „Leben am Rande der Wetterkarte" prägte einmal ein schlauer Kopf. Und fürwahr gehen die Uhren hier oben vielleicht ein klein wenig langsamer, entschleunigt sich die Hektik der Metropolen auf menschliches Maß.

Trotzdem war dic Region, wie dieses Buch gezeigt hat, bis ins vorletzte Jahrhundert hinein einmal das Tor Norddeutschlands zur Welt. Mit dem Jade-Weser-Port vor den Toren von Hooksiel holt sie sich diesen Titel zurück. Das gewaltige Infrastrukturprojekt hat die Küste wieder einmal enorm verändert. Die Länder Niedersachsen und Bremen haben hier seit 2008 rund eine Milliarde Euro in die Hand genommen. Mit dem Geld ließen sie einen neuen 1700 Meter langen Hafengroden aufspülen, der direkt ans tiefe Fahrwasser der Jade heranreicht. 45 Millionen Kubikmeter Sand wurden dazu aus der Nordsee gesaugt und vor Ort aufgespült, 50 000 Tonnen Stahl wurden zu Pfählen gegossen und in den Meeresboden gerammt. Die Anlage kann dicke Pötte bis zu einer Länge von 430 Metern mit einem Tiefgang bis zu 16,5 Metern abfertigen. 12 000 Standard-Container kann ein solcher Koloss über die Ozeane wuchten. Größere Frachtschiffe gibt es derzeit nicht. Als einziger deutscher Container-Hafen am tiefen Wasser soll der Jade-Weser-Port in den kommenden Jahrzehnten Deutschlands Drehscheibe im Seefrachtverkehr werden. Ein modernes Informationszentrum am Voslapper Leuchtturm informiert über die Perspektiven.

Doch das aquatisch geprägte Küstenland mit seinem ewigen Kommen und Gehen von Ebbe und Flut, Sonne und Wolken, Neugierigen und Wiederholungstätern verlockt seine Bewohner und Besucher auch immer wieder, selbst Segel zu setzen. Sei es auf der eigenen Yacht, für die es zahlreiche sympathische Liegeplätze gibt, auf dem Surfbrett oder auf einer kommerziellen Bootspartie etwa zu den Seehundsbänken im Wattenmeer. Von der Nordspitze des Wangerlandes bei Minsen grüßt in der Ferne bereits der alte Westturm auf Wangerooge – und eine Inselpartie ist immer eine gute Idee. Schließlich begann der Küstentourismus im frühen 19. Jahrhundert dort drüben zwischen den Dünen – und heute wie einst begleiten kreischende Möwen die Urlaubsgäste und Tagesausflügler auf der kurzen erholsamen Fahrt in die Sommerfrische.

„Nimm mich mit, Kapitän, auf die Reise", hat unterwegs oder bei einem langen Strandspaziergang schon manch einer auf den von der Meeresbrise salzigen Lippen gehabt. Einige Mutige erliegen dem Fernweh und wagen sich weiter hinaus zu fernen Gestaden. Doch wohin ihr Weg sie auch führt – eines steht so fest wie der Deich: Wer die Atmosphäre der Küste mit ihren alten Städten, Kirchen und Windmühlen, mit Deichschafen und schwarzbunten Kühen, mit selbst gepultem Granat und frisch gebrühtem Tee einmal richtig in sich aufgenommen hat, der kommt bestimmt zurück.

DIE AUTOREN

Martin Wein promovierte unter dem Titel „Stadt wider Willen" über die Entstehung der Doppelstädte Wilhelmshaven/Rüstringen. Er arbeitet seit vielen Jahren als freier Journalist und Buchautor regelmäßig für zahlreiche Zeitungen und Magazine wie DIE ZEIT, Frankfurter Rundschau, Berliner Zeitung, Weser-Kurier, Ostfriesland Magazin und Special-Interest-Periodika wie „Hands on" (Lernort Labor) in den Themenfeldern Kultur, Bildung und Reise.

Martin Stromann kam 1986 als Bildredakteur zum Verlag Soltau-Kurier-Norden (SKN). Hier hat er das Ostfriesland-Bildarchiv aufgebaut und an zahlreichen Buchprojekten der Region mitgewirkt. Martin Stromann fotografiert für die Monatszeitschrift Ostfriesland Magazin, die Norder Tageszeitung Ostfriesischer Kurier und den Norderney Kurier. Zu seinen Veröffentlichungen gehört auch der seit über zwanzig Jahren beliebte Fotokalender „Ostfriesland".

LITERATUR

150 Jahre Friesisches Brauhaus zu Jever, Jever 1998

Baier/Gabor/Menke/Sander, Der Schlosspark Jever, Oldenburg 2009

Etta Bengen, Wilfried Wördemann, Badeleben. Zur Geschichte der Seebäder in Friesland, Oldenburg 1992

Erhard Ahlrichs, Horumersiel. Vom Sielhafenort zum Nordseeheilbad, Oldenburg 1992

Sabine Gorsemann, Friesland. Vom Jadebusen bis Jever, Bremen 2006

Peter Feacke, Ankunft eines Schüchternen im Himmel, Köln 2001

Ingo Hashagen, Ein Rundgang durch Jever, 3. Aufl., Jever 1991

Birkhild Haussmann, Jever. Eine friesische Stadt mit Geschichte, Norden 1994

Hans Ney, Geschichten am Hookstief. Bilder eines Sielhafenortes und seiner Umgebung, Jever 1992

Robert Noah, Gottes Häuser in Friesland und Wilhelmshaven, Norden 1991

Nöldeke/Salomon/Sander, Schortens. Heimatgeschichtliches vom Mittelalter bis zur Neuzeit, Berlin 2006

Orth/Müller-Schlombs/Trumpf, Jever – so alt und so neu, Jever 2004

Franz Tuhy, Wangerland. Ein Nachlass in Bildern mit Texten von Horst Bäßler, Jever 2000

Jörgen Welp (Hrsg.), „Die Gerichtsbarkeit wird ausgeübt durch Amtsgerichte…". 150 Jahre Gerichtsbarkeit im Oldenburger Land, Oldenburg 2008

Carl Woebcken, Friesische Schlösser, Wilhelmshaven 1922

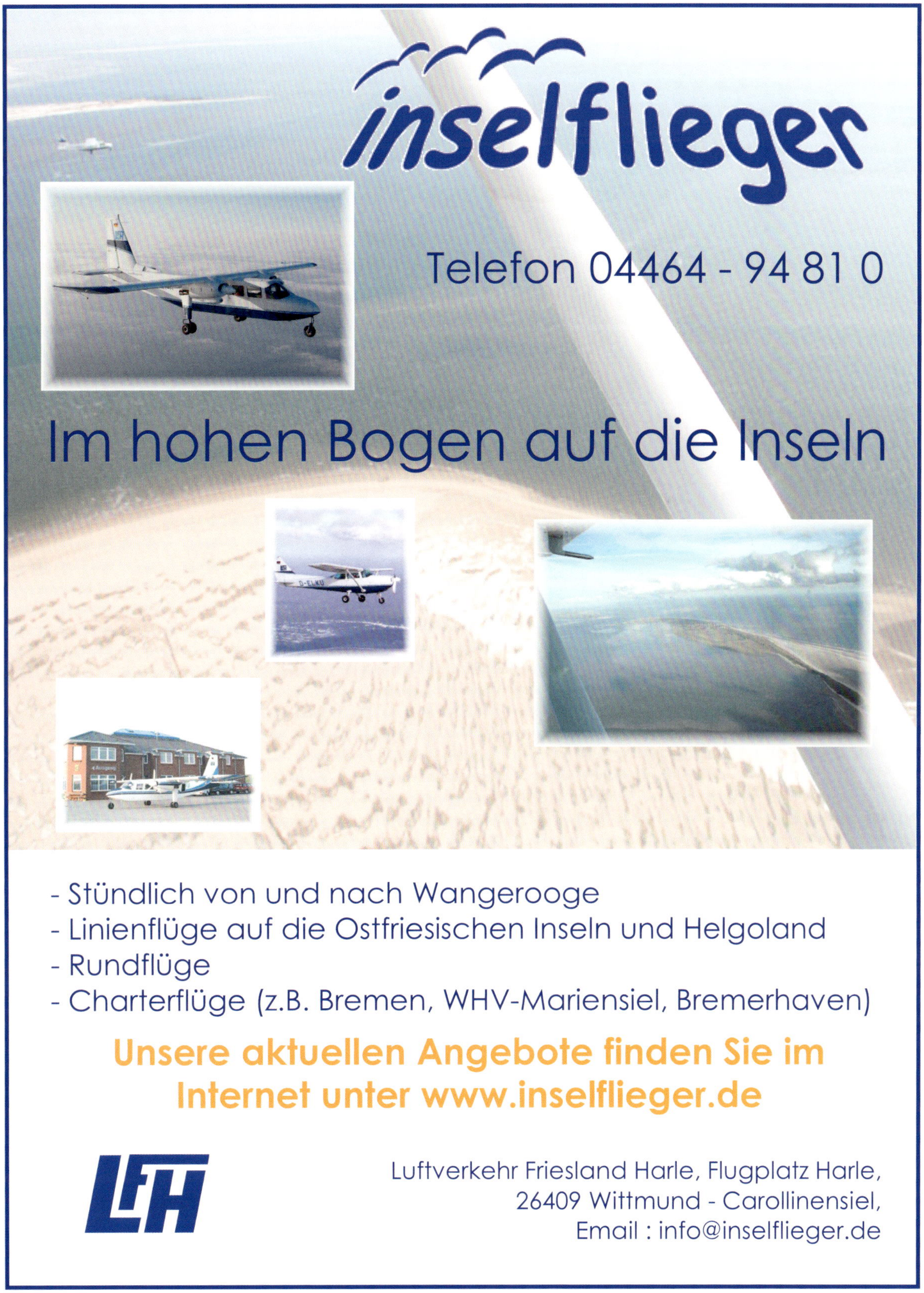
inselflieger
Telefon 04464 - 94 81 0
Im hohen Bogen auf die Inseln
D-ELMU
- Stündlich von und nach Wangerooge
- Linienflüge auf die Ostfriesischen Inseln und Helgoland
- Rundflüge
- Charterflüge (z.B. Bremen, WHV-Mariensiel, Bremerhaven)
Unsere aktuellen Angebote finden Sie im Internet unter www.inselflieger.de
LFH
Luftverkehr Friesland Harle, Flugplatz Harle,
26409 Wittmund - Carollinensiel,
Email : info@inselflieger.de

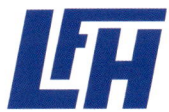